다이아몬드의 비밀,
부와 성공을 여는 열쇠

다이아몬드의 비밀, 부와 성공을 여는 열쇠

How to Achieve Success Through Observation

러셀 H. 콘웰

Rusell H. Conwell

RAINBOW PUBLIC BOOKS

목차

I. 성공의 열쇠

II. 부의 열쇠

III. 다이아몬드 광산

IV. 꺾이지 않는 마음

우리가 어떤 '길'을 걸어가야 하는지에 관해서는
이미 수많은 작가가 충분히
그리고 정확히 묘사했기 때문에
나는 독자들이 이 졸저를 읽고 자극을 받아
그 길을 '걸어가기'를 바랄 뿐이다.

– 러셀 H. 콘웰 –

Ⅰ. 성공의 열쇠

관찰의 중요성

사람은 저마다 자기만의 인생 학교에 다닌다. 바깥세상에 있는 대학, 그리고 인생이라는 훨씬 더 큰 대학에서 성공하는 사람은 예외 없이 먼저 자기 내면의 학교에서 학위 과정을 훌륭하게 마친 이들이다.

인생 학교의 교과과정은 우리가 관찰하는 대상에 따라 날마다 바뀐다. 힘을 얻는 원천은 원래 독서가 아니라 관찰이다. 관찰을 통해 견문을 넓히고, 생각을 키우고, 다양한 감각을 연마하고, 스스로 행동하는 힘을 기를 수 있으니 관찰이야말로 힘의 원동력이다.

독서와 명상은 대지에 쏟아지는 소나기와 햇빛처럼 유익한 자양분이지만, 관찰하는 시선이 없으면 그 대지는 척박한 땅으로 남는다. 모름지기 참된 학교라면 학생들이 대상을 바라볼 때 그것이 무엇인지 철저하게 살피도록 가르치고, 학생들이 관찰할 수 없는 것들을 학생들이 찾아내도록 훈련하는 일을 가장 중요한 사명으로 삼아야 한다.

돼지 꼬리털을 가지고는 좋은 활을 만들지 못하는 법이다. 무엇을 보거나 들을 때 대상을 주의 깊게 관찰하는 법을 배우지 못하고 자란 사람 중에 훌륭한 사람을 찾기는 쉽지 않다.

스코틀랜드 출신의 학자 존 스튜어트 블래키John Stuart Blackie는 사람들이 멀쩡하게 눈을 뜨고 다니면서도 거의 아무것도 눈여겨보지 않을 때가 많다는 사실이 놀랍다고 말했다.

영국의 시인 새뮤얼 존슨Samuel Johnson은 자동차를 타고 20킬로가 안 되는 거리를 지나면서도 대륙횡단 여행을 한 사람보다 더 많은 것을 발견하는 이들이 있다고 말했다.

관찰하는 삶은 성장기뿐만 아니라 사회에서 경력을 쌓아가는 내내 자신의 좌우명으로 삼아야 마땅하다.

타고난 지능에 차이가 없고, 똑같은 사상에 관심 있는 두 사람이 나란히 걸으며 똑같은 풍경과 사람들을 지나치더라도 한 사람은 그가 지나온 시골 풍경에서 아주 많은 영감을 얻는다. 사람들 사이에서 그가 보고 들은 것들에 주의를 집중한다.

반면에 다른 한 사람은 새나 꽃이라든지 풍경의 아름다움을 보고도 아무런 영감을 얻지 못하고, 사람들이 벌이는 시시껄렁한 일들에만 재미를 느낀다.

심리학 연구소에서 실험을 통해 사람들이 관찰에 실패하는 사례를 명백하게 입증한 바 있다. 실험 참가자들은 익숙한 장면 혹은 낯선 장면을 재현한 사진들을 건네받은 뒤 그것들을 꼼꼼히 살펴보면서 잘 기억하라는 지시를 받았다.

연구원들은 참가자들이 사진을 5분씩 꼼꼼히 살핀 후에 사진들을 치우고 나서 그 사진들과 관련해 여러 가지 질문을 던졌다. 참가자들은 각 질문에 오답을 속출하며 관찰에 취약한 인간의 한계를 드러냈다.

유명한 심리학자 휴고 뮌스터버그Hugo Munsterberg는 다수의 심리학 실험을 통해 인간이 대상을 관찰할 때 얼마나 많은 오류를 범하는지 측정하고, 이 같은 관찰 오류가 법정에서 진술하는 증언의 신빙성과 밀접한 관계에 있음을 지적했다. 실험을 통해 그가 알아낸 사실은 《증인석 위에서On the Witness Stand》라는 논문에 일부 요약되어 있다.

유능한 신문기자는 숙련된 관찰자이므로 그가 본 것을 정확히 기술하는 편이다. 하지만 동일 사건을 보도한 여러 신문사의 기사들이 세부 사항에서 크게 차이가 나는 것만 봐도 숙련된 관찰자조차 대상을 정확하게 관찰하는 데 실패한다는 사실이 드러난다.

아테네, 로마, 파리 혹은 런던을 여행하는 이들 중에는 전문 관광 가이드의 안내를 받으며 도시를 둘러보는 여행자가 있다. 관광 가이드에게 의존하는 사람은 도시가 간직한 모습 중에서 일부만 겉핥기식으로 느낄 뿐이고, 훗날 기억나는 것도 거의 없을 것이다.

반면에 관광 가이드 없이 여행하면서 자기 눈과 귀에 들어오는 모든 것을 주의 깊게 관찰하는 여행자는 여러 도시에서 많은 것을 얻어갈 것이다.

그가 저장한 것들은 평생의 추억거리가 될 테고, 같은 곳을 여행하는 이들에게 유용한 정보로 쓰일 것이다. 고독하지만 홀로 주변을 관찰하며 낯선 나라를 여행하는 사람은 여행지에서 늘 귀중한 자산을 얻는 법이다. 이런 여행자는 건물, 공원, 사람들을 건성으로 보아 넘기는 법이 없으므로 하루하루 여행하며 관찰하는 시간이 곧 배움의 시간이며 한번 본 것들을 기억하는 법을 익힌다.

과거에 신문사 특파원들은 여행안내 책자나 관광 가이드 없이 낯설기만 한 곳에서 취재하곤 했다. 그들은 자기만의 힘으로 길을 찾고, 가치 있고 흥미로운 기삿거리를 찾아내야 했다. 이들은 현대의 관광 가이드라면 간과하거나 무시했을 많은 것들을 찾아냈고, 본국의 독자들이 가장 관심 있을 만한 유용한 기사를 작성했다.

영국의 탐험가 헨리 모턴 스탠리Henry M. Stanley는 예루살렘을 처음 방문했을 때 자신의 일행을 책임진 통역사에게 관광 가이드와 여행안내 책자를 그의 눈에 띄지 않게 하라고 신신당부했다. 스탠리는 예루살렘 성전과 성묘교회를 비롯해 이 유구한 도시에서 눈여겨볼 만한 곳들이 어디에 있는지 그 위치와 경로를 이틀 만에 전부 알아냈다.

스탠리가 누구보다 지적인 여행자 중의 하나로 평가받을 수 있다면 그가 일상에서 관찰력을 활용하는 데 뛰어났기 때문일 것이다.

스스로 생각할 줄 아는 사람이라면 누구나 인정하듯이 교양 교육으로 얻는 최고의 수확물이 바로 관찰력이다. 스탠리는 자신이 오랜 세월 살았던 뉴욕보다도 로마나 나폴리, 빈을 더 잘 안다고 입버릇처럼 말하곤 했다. 그 점에서는 스탠리도 보통 사람들과 다르지 않다.

사람들은 대체로 자기 고향에 있는 유명 관광지에 관해 그곳에 잠시 머물다 떠난 관찰력 좋은 여행자들보다 더 아는 것이 적다. 시간과 수고를 들인 것들이 더 가치 있어 보이기 때문이다. 사람들은 공짜로 얻은 것을 귀하게 여기지 않는다.

당대에 뛰어난 특파원으로 손꼽히는 헨리 챔버스Henry W. Chambers는 다마스쿠스에서 그리 멀지 않은 바알베크에 겨우 6시간 머물렀다. 하지만 그가 작성한 기사는 바알베크의 멋진 사원을 다룬 글들 가운데 가장 명쾌한 글이었다.

그는 홍콩에 갔을 때도 중요한 장소들을 방문하고 다양한 것들을 경험한 후에 앞서와 같이 명쾌한 기사들을 작성했다. 챔버스 이전에도 수많은 고고학자와 문학가들이 바알베크의 거대한 성채를 둘러싸고 있는 해자(성의 바깥 둘레에 도랑처럼 파서 물이 괴게 한 곳-옮긴이)를 구경했지만, 그들은 챔버스만큼 주의 깊게 관찰하지 않았기에 그곳에 놓여 있던 화살촉과 여러 무기를 발견하지 못했다.

고대 전쟁에 쓰인 그 유물들은 챔버스 이전에는 누구의 주목도 받지 못하고 성채의 거대한 초석과 기둥 주변에 놓여 있었다.

예루살렘에서 오랫동안 살았던 루 월리스 장군General Lew Wallace은 소설 《벤허》를 쓸 때 나병에 걸린 여주인공을 지하 감옥에 배치했지만, 예루살렘의 감옥 밑에 지하 감옥이 있다는 설정은 어디까지나 그의 상상이었다. 하지만 예루살렘을 방문한 영국 북부 출신의 한 여교사는 랜턴을 들고 월리스가 상상하는 데 그친 그 지하 감옥의 출입문을 실제로 찾아냈다.

이집트와 팔레스타인에서부터 유프라테스강에 이르기까지 여행자들은 똑같은 길을 따라 사막을 건넜지만, 어느 대리석 채석공이 로제타스톤을 유심히 관찰하기 전까지 그것은 수 세기 동안 방치되어 있었다. 로제타스톤을 발견한 덕분에 고고학자들은 고대 바빌론과 니네베 궁전에서 발굴된 점토판과 석판들에 새겨진 글들을 해독할 수 있게 되었다.

물이 끓을 때 오르락내리락하는 주전자 뚜껑을 본 사람은 수백 수천만 명이었지만, 그 뚜껑을 주의 깊게 관찰한 사람은 시계를 만들던 스코틀랜드의 와트Watt가 처음이었다. 그 수많은 사람 중에 오직 와트만이 이 현상을 깊이 관찰한 끝에 주전자 안의 끓는 물이 지닌 힘을 연구하고, 이 힘을 이용해 최초로 증기기관을 발명했다.

태초의 에덴동산 시절부터 해마다 수확 시기가 되면 세상의 모든 과수원에서 사과가 떨어지는 것을 볼 수 있다. 사과가 떨어지는 것을 본 수십억 인구 중에 오직 아이작 뉴턴만이 떨어지는 사과에서 중력의 법칙을 발견했다.

위대한 것을 발견한 사람들의 관찰력도 처음에는 보통 사람들과 별반 다르지 않았다. 하지만 그들은 대상을 면밀하게 관찰하는 능력이 다른 모든 지적 능력보다 우위에 있음을 일찌감치 깨우치고, 자신의 영역에서 폭넓고 깊게 관찰한 결과 남들이 보지 못하는 것들을 발견했다.

앞서 언급한 소수의 사람이 눈과 귀를 활짝 열고 일상의 것들을 관찰하고 조사할 때 어째서 대다수는 살아가는 동안 그 수많은 경이와 진리를 만나지 못한 채로 생을 마감하는가?

그것은 사람들이 학교에 다니며 별로 중요하지 않은 것들을 얻는 대가로 우리 안에 내재한 관찰력을 상실하기 때문이다. 사람들은 학교 교육을 순순히 받아들이기 위해 타고난 본성을 잠재운다.

일상의 경험에서 부단하게 관찰력을 길러 인생의 가치 있는 것들을 더 크게 보고 명쾌하게 이해한 사람은 (관찰력을 길러주지 않는) 학교에서 배우는 과목보다 훨씬 더 중요한 것을 스스로 수련한 셈이다.

일류 대학에서 사용하는 우수한 교재란 모름지기 뛰어난 관찰자가 남긴 관찰 기록과 다름이 없다. 세밀하게 관찰하는 이들이 남들보다 더 뛰어난 관찰력을 지닌 것은 그들이 자신의 지능을 활용해 꾸준히 관찰하는 능력을 길렀기 때문이다.

우리에게 지능은 망원경이자 현미경이다. 눈과 귀가 있음에도 너무 작거나 너무 멀어서 대상을 제대로 보지 못할 때 지능을 올바로 활용하면 이전에 보지 못하던 것들을 관찰할 수 있다. 지능을 단련하면 누구든 그들이 흔히 바라보는 범위 너머까지 바라볼 수 있다.

세상에 있는 대학에서만 지능을 단련할 수 있는 게 아니다. 이는 자기 수양을 통해 얻어내는 열매다. 사람은 누구나 이 능력을 스스로 획득해야 한다. 대학 문턱에도 가보지 못했지만 자기만의 학교에서 스스로 부단히 노력한 사람에게서 폭넓고 깊게 관찰하는 능력을 더 자주 발견하는 이유도 그래서일 것이다.

"앎이 가져다주는 활력은
그 누구보다 자기 자신이 잘 안다.
그 힘은 자기 자신의 영혼으로부터
흘러나오기 때문이다."

사람들은 지난 삶을 되돌아볼 때 일찍이 관찰력을 기르지 못한 탓에 알아보거나 알아듣지 못하고 놓친 것들이 얼마나 많은지 헤아린다. 검은 묘비에 몇 마디 적히고 마는 삶을 살면서도 관찰하는 힘이 없었기에 위대한 정상을 향해 올라가지도 못한 채 산 아래에서 인생의 대부분을 보냈음을 뒤늦게 아쉬워한다.

훌륭한 인물로 평가받는 사람의 삶을 살펴보면 학교 교과과정에서 배우는 것들보다 끊임없는 관찰에서 배우는 것들이 훨씬 더 중요하다는 사실을 되새기게 된다. 학교에서 배운 지식을 현명하게 사용하려면 관찰과 경험에서 얻은 지식이 그보다 열 배는 더 필요하다.

분별력 있는 사람이라면 상대가 어떤 대학을 졸업했는지 묻지 않고 대학 생활을 어떻게 보냈는지 묻기 마련이다. 대학 생활을 제대로 마치려면 모든 학생이 폭넓고 깊게 관찰하는 습관과 능력을 갖춰야 한다.

중국의 공자, 영국의 아널드Arnold, 독일의 괴테, 미국의 링컨과 에디슨이 오늘날에도 사상과 행동에서 단연 돋보이는 이유는 그들이 매사에 주의를 기울이며 관찰하는 능력을 키웠기 때문이다.

로스차일드, 록펠러, 카네기 같은 사람들이 거대한 기업을 일구거나 막대한 부를 쌓은 영역에서도 그만한 물질

적 성공을 이루기까지는 꾸준한 관찰력이 참으로 중요하다는 사실을 보여주었다.

최근 대학 평판이 급상승하는 학교들을 살펴보면 관찰력의 중요성을 강조하는 학교라는 공통점이 있다. 이들 대학은 학생들에게 그들이 목표로 삼은 직업의 실무를 관찰하며 현장 경험을 쌓는 일에 일정 시간을 투자하도록 요구한다.

의대생은 병원에서, 법대생은 법원에서, 신학생은 선교사역에서, 엔지니어들은 작업장에서 실무를 경험해야 한다. 강의라든지 사색만으로는 결코 실무 경험을 대체하지 못한다. 전자와 후자는 서로 보완하는 관계다.

둘 중의 하나만 선택해야 한다면 실무를 관찰하며 얻는 경험이 훨씬 더 중요하다. 현대의 우수한 교육 기관은 예외 없이 현장실무에 맞는 교육을 지향하고 있으며, 이를 위해 이론 교육뿐 아니라 학생들에게 실무를 관찰하는 기회를 제공하려고 애쓴다.

앞서 말한 정치가나 탐험가뿐 아니라 철학과 과학, 문학 분야에서도 세심한 관찰과 풍부한 경험은 뛰어난 성과를 달성하는 원동력으로 작동한다.

셰익스피어, 괴테, 존 번연John Bunyan, 번스Robert Burns(영국의 시인-옮긴이), 휘티어John Whittier(미국의 작가-옮긴이), 롱펠로Henry W. Longfellow, 제임스 휘트컴 라일리James Whitcomb Riley를 비롯해 많은 이들이 오늘날 인류에 이바지하며 사회에서 칭송받는 까닭은 이들의 관찰력이 남달리 섬세하고 예리한 덕분이었다.

무심코 지나치는 것들

하등동물의 삶을 다루는 연구로 인류가 얻은 혜택은 헤아릴 수 없이 많아 책 한 권으로는 모자라다. 동물 생체 해부와 사후 검시 기술을 이용해 과학자들이 알아낸 사실들 덕분에 인간은 수많은 전염성 질환과 감염병을 정복했다.

동물이 먹이를 구하고, 서식지를 구축하면서 생활할 때 나타나는 습성과 제 몸을 지킬 때 이용하는 방법을 관찰하고 얻어낸 지식으로 인간은 인류의 삶을 개선하는 방법을 배웠다.

치밀한 관찰자들의 노력으로 얻은 이 모든 지식은 우리를 위해 그리고 인류의 발전을 위해 쓰였다. 이 관찰자들은 난로 옆의 고양이, 출입문 옆에 누운 개, 초원이나 마구간에 있는 말들, 우리 속의 돼지들, 울타리 안의 양들을 연구했다.

동물의 삶을 치밀하게 조사하는 연구가들은 새와 곤충, 벌레처럼 우리 생활 가까이에서 볼 수 있는 동물의 기원과 습성, 그리고 그것들이 미치는 영향을 꾸준하게 관찰했다.

지금까지 인류가 동물에 관해 배운 지식은 앞으로 인류가 체계적인 목표 아래 치밀하게 동물을 관찰할 때 얻게 될 지식에 비하면 아무것도 아니다. 동물의 삶을 연구하는 분야에서 선두를 달리는 이들은 모두 남들이 보지 못하는 것을 찾아내는 능력이 뛰어났다.

다윈 교수는 집 앞에서 모이를 주며 비둘기들을 관찰하다가 중요한 깨달음을 얻었고. 이는 그의 위대한 논문 《종의 기원》을 탄생시키는 데 밑거름이 되었다.

MIT의 전신인 보스턴 기술학교Boston School of Technology의 닐스Niles 교수는 유년 시절 방과 후 집으로 가는 길에 개울에서 피라미를 잡았다. 아버지의 제안으로 그는 그 물고기를 작은 어항에 넣고 움직임을 관찰했다. 물고기가 죽었을 때는 현미경으로 각 부위를 면밀하게 조사했고, 이때의 경험은 동물에 관해 방대한 지식을 쌓게 된 계기가 되었다.

필라델피아의 한 목회자가 뉴저지 북부에 있는 한 농장을 방문했을 때 농부 가족은 그들이 키우던 개가 미쳐 날뛰는 바람에 몹시 곤란해졌다. 그들은 개를 부엌에 묶어두고 누구든지 개를 총으로 쏴 죽여달라고 이웃에게 부탁했다.

한 이웃이 그 개를 면밀하게 관찰하고 나서 개가 독에 중독되었다고 말했다. 그러고는 개가 해독제를 알아서 찾아갈 수도 있으니 가족에게 개를 풀어주라고 조언했다.

고양이나 소나 말들이 독초를 먹었을 때 본능적으로 해독제를 찾으려 할 때가 있으니 동물들이 그런 것들에 관해서는 의대 교수보다 더 잘 안다는 것이었다. 그 개는 풀려나자마자 날쌔게 들판을 달려 개울을 찾았고, 물가에서 자라는 어떤 풀을 뜯어 먹었다.

그 개는 머지않아 집으로 돌아와서는 두 주간 제대로 먹지 못해 허기진 배를 실컷 채웠다.

그 목회자는 문제의 개를 따라가 개가 먹었던 식물을 관찰했다. 개가 집에 돌아온 후에 목회자는 그 식물을 뽑아서 이파리들을 챙겨 필라델피아에 있는 한 공장의 화학자들에게 가져갔다. 그는 화학자들의 조언에 따라 워싱턴에 있는 스미스소니언 연구소에 그 이파리들을 보냈다. 그 이파리에는 독을 치료할 귀중한 해독성분이 있음이 밝혀졌다.

이 발견으로 인류는 더 좋은 약을 얻었으며 해당 목회자 역시 이 경험으로 자신의 역량을 높였다. 의사들은 이 해독제를 자주 처방하게 되었고, 이 일이 있고 나서 때로는 의사들도 의학적 지식을 얻기 위해 개들을 관찰했다.

미국의 동물학자인 아가시Agassiz 교수나 올리버 로지 경Sir Oliver Lodge처럼 어떤 이들은 집에서 키우는 동물이 최고의 스승이 될 수도 있다는 사실을 깨닫는다. 집과 헛간 주위에 돌아다니는 가금류가 과학 발전에 이바지하는 해답이 되기도 한다.

암탉은 그 생존이 자연에 달려 있으므로 그 방식을 관찰하는 것은 대학교수에게 강의를 듣는 것보다 더 효율적이다. 암탉은 본능적으로 자연법칙을 알고 있기에 현명한 사람들은 암탉 가까이에서 그 부리로 먹이를 쪼고 발로 움직이는 모습을 관찰하면서 배운다.

혹자는 알을 낳고 요란하게 울어대며 자기가 한 일을 자랑하는 암탉을 그저 아둔한 동물로 여길지도 모르겠다.

하지만 암탉이 본능으로 알고 있는 생존 지식이나 새끼들을 세심하게 돌보는 보살핌, 다리와 날개를 쓰는 방식, 폭풍이 다가오는 것을 알아차리는 예지력, 매의 공격을 받을 때 자신을 지켜내는 방법까지 이 모든 것은 아무리 뛰어난 과학자라도 주의 깊게 관찰할 만한 가치가 있다.

올리버 웬델 홈스Oliver Wendell Holmes는 가금협회 강연에서 비둘기를 자세히 연구한 다윈을 예로 들면서 닭을 보면 관찰할 것이 훨씬 더 많다고 말했다.

홈스는 메인주의 케네벙크포트에서 여름을 나는 동안 닭 다섯 마리를 관찰했다. 그가 부르면 달려오고, 그의 머리 위를 날아오르고, 옥수수 알을 던져주면 펄쩍 뛰어올라 부리로 받아먹도록 훈련했다. 그 닭들은 여름이 끝나기도 전에 심지어 그가 잠자리에 든 이후에도 침실을 찾아오곤 했다. 홈스 박사의 말에 따르면, 어쩔 수 없이 집주인이 그 닭들을 잡아 그에게 저녁을 대접했다고 한다.

홈스 박사가 롱펠로의 시 《인생 찬가A Psalm of Life》를 패러디한 시를 보면 홈스가 얼마나 세심한 관찰자인지 나타난다. 롱펠로를 칭송하는 이들 중에는 이 패러디 작품을 모욕으로 받아들인 이들도 있었지만, 정작 롱펠로는 홈스의 시를 상찬으로 받아들였다. 롱펠로는 출판업자인 제임스 필즈James T. Fields에게 홈스 박사가 쓴 패러디 시의 2행만큼은 자신의 시보다 훨씬 낫다고 말하기도 했다.

"천을 덧댄 북을 두드리듯 힘없이 두드리지 말고,
안쪽에서 힘차게 껍질을 두드려야 해"

롱펠로는 이 세상에 알을 깨지 못한 병아리 같은 사람들이 수없이 많다고 필즈에게 말했다. 이들에게는 아직 어떻게 사용해야 하는지 모르는 날개가 있다. 껍질 안에 머물러 있기에 볼 수는 없어도 바깥세상에서 이를 고귀한 사명이 있다. 껍질을 쪼다가 안에서 죽어버리는 이들이 있는가 하면, 외부의 도움으로 알을 깨고 나와 아름답고 온전한 삶을 새롭게 시작하는 이들도 있다.

망원경을 통해 머나먼 곳을 바라보거나 지구를 한 바퀴 돌 때보다, 달걀 한 알이나 분자 하나를 들여다볼 때 인간은 만물의 근원에 더 가까이 다가간다. 만물의 근원에 가까이 다가가는 사람일수록 원대한 꿈이나 위대한 사건을 가능케 하는 영감을 강렬하게 느낀다.

훌륭한 생각과 고상한 정서에 가까이 다가가고 싶은 사람에게는 으리으리한 저택보다 오두막이 더 행복한 곳이다. 오두막에 살면서도 인간다운 위엄을 잃지 않는 사람은 저택에서도 평정심을 잃지 않고 생활할 사람이다. 에머슨이 말했듯 분자 하나마다 우주 만물의 체계가 반영되어 있다.

왕관을 쓴 머리에는 근심이 가득하고, 겉핥기식 지식만 많고 작은 것 하나도 깊이 알지 못하는 사람은 불행하기 짝이 없다. 인생을 살면서 우리가 제일 먼저 가슴에 새길 교훈은 지극히 작은 것들이 지혜와 행복을 가져다준다는 사실이다.

풀잎 하나 혹은 시시각각 변하는 저녁 하늘 구름만 봐도 경외감으로 가슴이 벅차오르고, 열정을 다해 탐구할 과학이 감춰져 있음을 이해하는 것은 불만과 죄악으로 가득한 이 세상에서 우리에게 더없이 필요한 교훈이다.

오늘 아침 풀숲에서 푸르스름한 꽃 한 송이가 보였다. 그 꽃이 있는 줄을 나는 여태껏 몰랐다. 그 꽃은 보는 각도에 따라 달라졌다. 돋보기로 살피니 여느 꽃이나 그림에서 본 적 없는 빛깔이 보였다.

그 꽃이 자라는 땅은 70년 동안 내게 너무나 익숙한 곳이었으나 그 꽃은 생전 처음 보는 꽃이었다. 참으로 앙증맞고 아름다운 그 꽃을 보니 내가 정신적으로 성장하는 데 중요한 가치를 오랜 세월 놓치고 있었다는 생각이 들었다.

테니슨Tennyson이 《성배Holy Grail》라는 시에서도 언급했듯이 미지의 것을 좇느라 눈앞에 실재하는 멋진 인생을 저버렸다는 사실을 깨달은 기분이었다. 오늘 아침 햇살에 모습을 드러낸 이 작은 꽃 덕분에 나는 지난 세월을 떠올리며 생각에 잠겼다. 나와 다투었던 사람들의 얼굴, 깊고 고요한 눈빛으로 나를 반겨주시던 다정한 어머니의 미소, 따듯한 애정으로 나를 용서하셨던 아버지.

만약 70년 전에 그 꽃을 내가 발견했더라면 자연의 권능을 더욱 사무치게 음미했을 것이다. 더 큰 충만감으로 가슴이 벅찼을 것이고, 천상의 평온함으로 내 영혼이 더욱 환하게 빛났을 게 틀림없다.

우리는 만물의 원인을 이해하려고 노력한다면서 정작 이 작은 꽃이 거기에서 탄생한 결과물이라는 사실을 망각한다. 새롭게 발견한 이 꽃이 불러일으킨 이상한 감정과 그 꽃을 음미하며 묵상하는 사이에 내 상상력이 도달한 저 아득한 경지는 말로 형용할 수가 없다.

만약 우리가 날마다 처리해야 하는 복잡한 업무에 매여 있지 않다면, 만약 우리가 일상의 근심 걱정을 떨칠 수 있다면, 만약 우리가 경험했던 짙은 상실감이나 좌절감과 과거의 숱한 허물이 우리를 짓누르지 않는다면, 만약 우리가 책임지고 신경 써야 하는 일들과 친구들이 부르는 소리에 방해받지 않는다면, 우리는 작디작은 들꽃 한 송이를 보면서도 크나큰 행복을 맛볼 수 있다.

이는 켜켜이 쌓인 슬픔과 불행이 우리 안에 있다 해도 막을 수 없는 행복이다.

베이컨Bacon과 버크Burke, 니부어Niebuhr는 우리 주변에 있는 작은 것에서 얼마나 큰 경외감을 느낄 수 있는지 깨달았지만, 한 방울의 물과 벌새가 알려준 간소하면서도 이상적인 삶으로 돌아가기에는 너무 늦어버린 때였다.

작디작은 것들의 가치는 지극히 크다. 그 작은 것들이 우리 삶에 들어와 원대한 생각과 감동을 일으키고, 자기 자신을 위해서나 인류를 위해 거대한 역사를 일으킬 동기를 심어줄 수 있기 때문이다.

"어째서 우리는 발밑에 자세히 살필 것을 놔두고 항상 저 멀리 지평선에 시선을 고정하는 것일까?"

대단한 것을 찾아 돌아다니며 명성깨나 얻은 사람에게 들판의 아름다운 꽃들은 뿌루퉁하니 입술을 내밀고 앙증맞은 미소를 지으며 이렇게 핀잔을 준다.

*“내 삶을 들여다보면,
세상의 현자들에게서 배우는 것보다
더 많은 것을 발견한답니다.”*

독일의 종교 개혁가인 친첸도르프Zinzendorf가 무려 1년 가까이 작은 섬에 발이 묶여 오도 가도 못했을 때 그의 왕성한 정신은 자연스레 해변의 사물들을 관찰하는 데 쓰였다. 조개껍데기 색깔을 탐구하던 그는 평생에 걸쳐 자연의 색을 탐구했다.

먼 훗날 철학자들이 모인 자리에서 그때의 경험 덕분에 세상에 존재하지 않는 아름다운 색을 만들어 낼 수 있었노라고 회고했다.

미국 농림부에서는 세계 각지에 전문가들을 파견해 농산물 종자와 성장 유인을 조사하는 데 8천만 달러나 썼지만, 더 중요한 사실을 많이 발견한 이들은 루터 버뱅크Luther Burbank와 미국 각지에 있는 농업대학 연구원들이었다.

이들이 관찰을 통해 알아낸 사실은 정부에서 파견한 이들이 세계 각지를 돌아다니며 알아낸 사실보다 생산량

증가에 훨씬 더 크게 이바지했다. 이들이 연구에 투자한 시간과 노력이 국가를 위한 투자였음을 부정할 이는 아무도 없었다.

사람들을 관찰해보면 소박하고 단순한 삶에 익숙한 사람일수록 그 삶이 더 건강하고 장수하며, 더 고귀하다는 사실을 인정하지 않을 수 없다.

가장 건강한 사람은 빵 한 덩어리로 배를 채우고 허기를 자연스럽게 받아들이는 이들이다. 가장 고귀한 사람은 거룩하게 깨어있기를 소망하며 누군가에게 도움의 손길이 필요할 때마다 힘닿는 대로 작은 친절이나마 베푸는 이들이다.

영국의 시인 로버트 번스Robert Burns처럼 들쥐 한 마리에게 동정심을 느끼는 시인의 삶이란 얼마나 풍요로운가!

용담꽃을 보고 브라이언트Bryant처럼 그 영혼이 고양하는 사람이 있는가? 서리 맞은 호박을 보며 라일리Riley처럼 평화의 전언을 듣는 이가 있는가?

만약 우리가 두 눈으로 자세히 살피고, 두 귀로 정확히 듣고, 머리를 써서 이해하고, 마음으로 느끼려고만 하면,

우리도 셰익스피어처럼 나무에서 말을 찾고, 흐르는 개울에서 이야기를 얻고, 돌에서 설교를 듣고, 우주 만물에서 선을 찾을 것이다.

가난한 자에게는 모든 것이 교과과정이어서 어디서든 배울 수 있다. 이 대학은 입학시험이 필요치 않고, 자신의 시야에 들어오는 수백만의 지고한 자연물에 집중하려는 마음가짐만 있으면 된다.

가난에 관하여

'필요는 발명의 어머니'라는 사실을 거의 날마다 실감하게 되는 나라가 미국이다. 조금만 성찰하고 관찰해도 그들의 본보기로 삼을 만한 미국인이 많다는 점에서 미국의 젊은이들은 엄청난 축복을 받았다. 미국의 뛰어난 발명가들은 가진 것 하나 없는 처지에서도 용기와 끈기만으로 삶을 개척해 명예를 얻고, 사회에 이바지하는 삶을 살았다.

우리는 훌륭한 발명품 덕분에 편의와 편리를 누리고, 활동력과 힘을 얻게 되는데 이 같은 발명품이 등장한 것은 주로 가난한 이들의 관찰력과 천재성 덕분이었다.

이들은 증기 동력과 기차, 컴퓨터, 전화기, 자동차, 비행기를 인류에게 제공했다. 제초기, 탈곡기, 파종기를 비롯해 우수한 곡물 종자와 과일 종자를 발명해 농업 부문에서 엄청난 진보를 이룬 것도 모두 이들이 끈기 있게 노력한 결과였다.

"아무 부족함을 느끼지 않는데
뭔가를 얻으려고 성실하게 노력하는 사람은 없다."

이런 까닭에 가난한 사람은 끈기 있게 뭔가를 발명하여 토양의 생산력을 높이고, 공장의 생산성을 증대시켰을 뿐만 아니라 수백만 가정의 고된 가사 일을 경감시켰다.

부유한 집안의 자녀들이 이런 방면에서 인류애를 발휘한 경우는 극히 드물었다. 만약 부자들도 굶주림이나 추위를 비롯해 여러 가지 외부요인으로 동기 부여를 받는다면, 그들도 방법을 궁리하고 재능을 발휘해 자신의 필요를 해결할 발명품을 끝내 찾아냈으리라.

"삶을 이롭게 하는 모든 활동은
자기에게 부족한 것을 채우려는
인간의 열망을 거름 삼아 꽃을 피우기 때문이다."

부유한 집안의 자녀들이 안고 있는 최대 약점은 자식에게 한없이 관대한 부모가 은행 계좌에서 그들이 원하는 것을 모두 공급한다는 점이다.

부모에게 근면함과 경제관념, 자기 절제 같은 것을 배우지 못한 이들은 사회에 해를 끼치는 존재가 되기도 한다. 이런 사람들은 가난한 사람들의 앞길을 밝혀준 수많은 발명품의 가치를 알아보지 못한다. 왜냐면 그런 필요를 느낀 적이 한 번도 없기 때문이다.

동전 한 닢을 꼭 쥐고 제과점 창가에 서 있던 가난한 소년은 그 돈으로 빵 한 개를 사 먹을지 아니면 집에 돌아가 (아침도 거르고 저녁도 걸렀을) 어머니에게 그 돈을 건넬지 수없이 갈등해 보았기에 1달러의 가치를 온전히 깨닫는다.

프랑스 특허청의 공식 보고서에 따르면, 가난한 사람이

발명하거나 개량한 것 중에 유용한 가치가 없는 발명품은 없었다. 가장 우수한 구명부표는 물에 빠져 죽을 뻔했던 선원이 발명한 물건이었다.

강대국에 삼면이 둘러싸인 네덜란드 출신의 어떤 이는 일반 총알을 장전하는 사이 600발을 쏠 수 있는 속사 기관총을 발명했다.

재봉틀을 발명한 사람은 먹을 게 떨어져 굶기 일쑤였던 가난한 가정에서 태어난 케임브리지 출신의 기계공이었다. 재봉틀은 고된 손바느질을 하는 여성들의 수고를 덜어주며 각 가정의 생활 여건을 바꾸어놓았다.

선박에서 쓰는 항해용 크로노미터를 만든 이는 바다에서 표류하며 영영 육지에 닿지 못할까 봐 절망했던 사람이었다.

광활한 미 전역으로 사람들이 뻗어나가는 데 크게 공헌한 증기 기차를 발명한 이는 영국인 스티븐슨Stephenson으로 어려서부터 너무 가난해 학교 교육도 거의 받지 못한 사람이었다.

여자들도 남자들 못지않게 발명가로서 왕성하게 활동하는 추세이다. 각종 주방 기구부터 바닥재에 이르기까지 여성은 다양한 가정용 집기와 가구를 발명했다. 근래에 시카고의 한 대형 상점에 전시된 가구들은 전부 여자들이 발명하거나 개량한 제품이었다.

여자들은 농업과 제조업, 교육용 기자재 부문에서 많은 것들을 발명했다. 남성이 등록한 우수한 특허 중에서 실제로는 그들의 아내가 특허권을 가져가야 하는 경우도 상당하다. 남자들이 실용적 용도로 고안한 물건 중에는 그들의 아내가 아이디어를 제공한 경우가 많았기 때문이다.

새로운 이기를 제공한 사람들을 보면 본인이 간절히 필요해서 발명한 경우가 대부분이다. 특히 축산업이 대표적인 경우로 관찰력 좋은 사람들이 신품종 개발이나 품종 개량으로 가축의 생산성을 대폭 향상시켰다.

배움의 가치는 오로지 그 배움이 우리에게 어떤 유익을 제공하는지 또 그것으로 우리가 무엇을 할 수 있는지에 따라 결정된다. 단지 배우기만 하는 것은 낡은 우표를 모으는 일만큼이나 시시한 일이다.

독일의 병리학자 피르호Virchow는 자신의 고양이들에게 다양한 먹이를 주며 실험한 끝에 새로운 사실을 발견했고, 이는 전 세계 모든 사육자에게 크게 도움이 되었다.

태초부터 꿀벌은 인류에게 유용한 정보를 감춘 적이 없었지만, 그 정보가 세상에 알려지기까지는 후버Huber라는 끈질긴 관찰자를 기다려야 했다. 앞을 보지 못하는 후버는 그를 시중드는 하인과 헌신적인 아내의 도움을 받아 꿀벌을 연구했으며, 그 당시 누구도 알지 못하는 사실을 많이 알아냈다.

들판의 쥐, 숲속의 다람쥐, 둥지 안의 독수리, 시냇물 속의 물고기, 우리는 이 모든 동물을 관찰하며 귀중한 교훈을 배울 수 있다. 동물은 우리에게 언제나 귀중한 단서를 제공하고 있기에 관찰력 있는 사람은 그 단서를 포착해 새로운 지식과 유용한 발명품을 인류에게 전달할 수 있었다.

인간의 편의와 행복을 크게 증대시킨 수많은 발명품을 살펴보고, 그 발명가들이 대부분 궁핍한 가정에서 태어나 고등교육의 이점을 누리지 못했음을 고려한다면, 최상의 교육은 교과서와는 별도로 인생이라는 책에서 스스로 배우는 것이라는 월터 스콧 경Sir Walter Scott의 말에 공감할 수밖에 없다.

성숙한 사람들은 모두 학교나 대학에서 단순히 교과 내용을 배우는 게 아니라 배우는 방법 자체를 배운다. 학교라면 모름지기 이 일을 최고의 사명으로 삼아야 한다.

배우는 방법을 배우는 것은 튼튼한 토대를 놓는 일이며 향후 이 토대 위에 자신만의 구조물을 세울 수 있다. 시대를 막론하고 성공을 거둔 사람들은 모두 자신의 인생을 스스로 쌓아 올린 사람들이었다. 배우는 방법을 어디서 습득하든 그것은 아무래도 좋다. 세상은 우리가 그것을 배워 무엇을 하느냐에 관심이 있을 뿐이다.

대학을 다니든지 현장에 나가 일하든지 우리는 자신의 힘으로 성공하거나, 실패하거나 둘 중 하나의 길을 걷게 된다. 스스로 배울 의지를 지닌 학생이라면 교사 한 명이 수천 명이라도 도울 수 있지만, 그렇지 않은 학생은 수천 명의 교사가 달려들어도 돕지 못한다.

독서와 사색

칼라일은 서책이 진정한 대학이라고 말했다. 여기에 한 마디 덧붙이자면 서책의 수가 적을수록 더 훌륭한 대학일 것이다. 수많은 책에서 가르침을 얻는 것은 위험한 일이다. 과음과 마찬가지로 지나친 독서로 인해 방탕에 빠지기 때문이다.

나이 들어서까지 정신이 형형하게 빛났던 홈스 박사는 한 젊은 특파원에게 독서는 성경과 셰익스피어 작품, 그리고 좋은 사전이면 족하다고 충고했다. 셋 중에 어느 하나만 읽었음에도 숭고한 사상과 정서를 함양하고 올바른 품행으로 이름을 떨친 사람을 모두 소개하려면 책 전체를 써도 모자랄 것이다. 책은 양날의 검처럼 사용법을 제대로 숙지해야만 안전하게 쓸 수 있다.

"책은 우리의 정신을 고양하거나 타락하게 하고, 자신이 읽는 책의 수준에 따라 추락하거나 비상한다."

모든 사람이 책을 읽는다지만 독서에서 유익을 얻는 사람은 그중에 얼마나 될까? 독일의 위대한 지성으로 꼽히는 괴테는 이렇게 말했다. "나는 지난 50년간 책 읽는 법을 배웠지만, 지금도 다 배우지 못했다."

대다수 사람에게 책 읽기는 모래시계와 같아서 들어왔다가 고스란히 빠져나가는 모래처럼 아무 흔적을 남기지 않는다. 또 어떤 이들에게는 가정주부들이 들고 다니는 구멍 뚫린 시장바구니와 같이 좋은 것들은 빠져나가고 남는 것은 쓰레기뿐이다.

사람들이 학교에서 보내는 시간은 인생 전체를 놓고 보면 얼마 되지 않고, 나머지 시간은 자기만의 인생 학교에서 보낸다. 우리는 매일 사람들을 만나고 그 속에서 벌어지는 일들을 꼼꼼히 관찰하거나 책과 우정을 쌓음으로써 스스로 견문을 넓힌다. 우정이라는 말만큼 책과의 관계를 정확하게 표현하는 말도 없다. 이 단어가 의미하듯 책과 끈끈한 정을 나누지 않으면 책을 읽어도 아무것도 남지 않는다. 책과 인생은 닮았다. 수많은 사람을 만나도 그저 안면만 트고 지내는 사이에서는 얻는 것이 거의 없으며, 그런 관계에서는 되레 크게 상처만 받는다.

"친구는 적을수록 좋다는 말도 있듯이,
소수의 선별된 친구들이
우리가 정신적으로 성장하는 데 미치는 힘은
나머지 다른 친구들이 주는 영향을
전부 합친 것보다 훨씬 더 크다."

책을 읽는 것도 그렇다. 수많은 책을 가볍게 읽게 되면 오히려 유능한 사람을 무능하게 만들 때가 많다. 하지만 깊이 있게 자주 교류하는 소수의 선별된 책들은 우리의 지능과 의지를 강화하고, 다정다감하고 온유한 품성을 함양함으로써 우리가 누구보다 가치 있는 사람으로 성장하도록 이끌어 준다.

뉴잉글랜드 식민지 초창기는 미국 역사에서 학문의 황금기였다. 그 이유는 이 지역에 정착한 사람들 대다수가 영국에서 대학 교육까지 받은 지식인이었기 때문이다.

이주민들은 식민지 개척 초기에 황량하고 척박한 환경에서 생존하느라 고군분투했다. 몇 세대가 흐르는 사이 대다수 이주민은 그 선조들에게 지식과 힘의 원천이었던 거의 모든 책으로부터 멀어지고, 오로지 성경과 연감(어떤 분야에 관하여 한 해 동안 일어난 경과, 사건, 통계 따위를 수록하여 일 년에 한 번씩 간행하는 정기 간행물-옮긴이)에 의존해 지식을 획득할 수밖에 없었다. 이민자 가정에서는 식구들 모두 한 해가 시작하는 날부터 끝나는 날까지 매일 연감을 정독했다.

위대한 신세계를 건설한 이곳 뉴잉글랜드 주민들은 검소한 생활로 명성이 높았는데 이는 대부분 연감에 담긴 가르침 덕분이었다. 그들이 주로 읽은 연감은 《가난한 리처드의 연감Poor Richard's Almanac》으로 보스턴 출신의 프랭클린Franklin이 25년 넘게 해마다 필라델피아에서 발행한 책자였다.

프랭클린은 연감 곳곳에 유용한 조언과 잠언을 담아 식민지 주민들이 낯설고 고된 생활을 값지게 활용하도록 격려하고자 했다.

성공한 사업가이자 대규모 자선활동으로 유명한 피바디Peabody는 자신이 자선사업가로 변신해 수많은 사람에게 선행을 베풀게 된 데에는 잭나이프 한 자루와 연감에서 얻은 가르침이 밑바탕이 됐다고 말했다.

뉴잉글랜드의 이른바 "잭나이프 시대"는 물론이고 그 이후 세대에서 수많은 이들이 연감이라는 책에서 용기와 힘을 얻어 자신을 연마하고 스스로 명예를 높였다는 사실은 흥미롭기도 하거니와 우리가 유념해야 할 교훈이다.

이 《가난한 리처드의 연감》만큼 사람들이 그토록 열정적으로 자주, 주의 깊게 정독한 책도 없다. 성경을 제외하고 그 영향력 면에서 연감에 견줄만한 책은 없을 것이다.

연감은 미국이라는 나라를 일으켜 세우고, 미국이 다른 여러 나라 사이에서도 높은 자리에 서게 하고, 나아가 전 세계를 교화하는 결과를 낳았다.

여러 작가의 글을 통해서도 알 수 있듯이 우리 조상들은 광활한 대륙에서 농업과 상업, 무역, 제조업, 금융업을 시작할 때 공부할 교재로 삼았던 책이 바로 이 연감이었으며, 미국은 4세대 만에 지구상에서 가장 부강한 나라가 되었다.

곳곳에 도서관을 건축하는 데 투자한 수천만 달러와 또 거기에 채울 책을 구매하는 데 투자한 수천만 달러를 생각해보자!

아울러 공교육에 연간 50억 달러가 쓰였고, 대학 건물을 세우고 대학을 육성하는 데 또 수십억 달러가 쓰였다!

이렇게 엄청난 금액을 투입했음에도 성경과 연감 말고는 읽을거리가 없이 식민지 시대를 살았던 선조들보다 더 대단한 것들을 배우고 생산하는 사람들이 나오지는 않을 것이다.

학교 도서관에서 책을 읽고 자란 사람들의 문학적 소양이 식민지 시대를 살았던 선조들보다 질적으로 더 우수할 수도 있고 아닐 수도 있다.

자기 이해, 자기 존중, 자기 확신, 자기 수양, 자제력을 키우고 넓히는 일은 학교 현장뿐 아니라 우리가 평생의 목적으로 삼고 살아야 한다.

각각의 목표를 달성하는 데 어떤 교육 수단을 쓰는지는 전혀 중요치 않다. 이른바 명문 대학에서 수련한 삶과 연감으로 수련한 삶을 비교했을 때 그 결과에 별반 차이가 없다면, 연감은 대학과 어깨를 나란히 하는 교육 기관이라 해도 무방하다.

연감처럼 시시해 보이는 책들이 인생에 대단한 변화를 초래했다는 것이 믿기지 않을 테지만, 이 말이 거짓이 아니라는 사실은 미국의 역사는 물론 다른 몇몇 나라의 역사에서도 쉽게 확인할 수 있다.

레일 스플리터rail splitter(울타리를 짓는 데 쓰는 통나무를 쪼개는 노동자란 뜻으로 링컨의 별명이다-옮긴이) 링컨, 그리고 전신수傳信手였던 에디슨과 카네기는 모두 학교를 제대로 다니지 못했지만, 세 사람은 자신이 정한 목표를 이루고 미국 내에서 그 누구보다 성공했다.

오늘날 독서는 매우 보편적인 지식 수단이지만, 지식을 얻으려면 책을 올바로 읽어야 한다. 책을 얼마나 많이 읽느냐는 그리 중요하지 않고 어떻게 읽느냐가 중요하다. 책을 많이 읽은 바보는 멍청이 중에서도 역병만큼이나 유해하다.

대충 읽은 천 권의 책보다 제대로 읽은 한 권의 책이 더 유익하다.

"적게 읽고 많이 사색하는 사람은
현명한 사람이 되고,
많이 읽고 사색하지 않으면
보통 사람들이 흔히 말하는
헛똑똑이 부류가 된다."

우리가 건강한 몸과 마음 그리고 올바른 행실을 함양하는 일은 평소에 깊이 성찰하며 읽는 책에 달려 있다. 독서가 얼마나 즐겁고 유익한지 모르는 이들에게는 책에서 배움을 얻어 어느 분야에서든 이름을 높인 사람들이 믿음직한 보증수표가 된다.

독서가 우리에게 유익한 영향을 미치고, 우리가 주변 사람들에게 선한 영향을 미치는 힘은 독서량이 아닌 독서의 질이 결정한다.

책을 오독하지 않고 단 10장이라도 제대로 읽은 사람은 못 배운 사람이 아니라고 존 러스킨John Ruskin은 말한다.

반면에 영국 박물관에 있는 책을 모조리 읽고 나서도 일자무식에 아무것도 배우지 못한 사람이 될 수도 있다.

"소화와 흡수 과정이 빠진 독서는 그 과정을 거치지 않은 음식만큼이나 쓸모가 없다."

독서는 완전한 인간을 만든다고 베이컨은 말했다. 하지만 배 속을 완전히 채워도 소화불량이면 아무 소용이 없다. 글을 읽고 나면 고결한 사람이 되어 타인을 위해 선하게 살아야 한다는 기분이 들어야 우리가 읽을 좋은 책이다. 그렇지 않은 책은 아무리 많이 읽어도 시간 낭비일 뿐이다. 삶에 꼭 필요한 책 한 권을 제대로 읽은 사람은 필부(신분이 낮고 보잘 것 없는 사람-옮긴이)가 될 수 없다.

다른 일도 그렇겠지만 독서에서는 책을 철저하게 독파하려는 열망이 필요하다. 지혜, 교양, 힘, 부를 쌓은 사람들은 비록 고통스러워도 대충 넘어가는 일 없이 철저하게 자기 일에 매진하는 특징이 있다. 그들에게는 사소한 것이 하나도 없다. 사소한 것들이 완벽을 만들어내고, 완벽한 것은 전혀 사소하지 않기 때문이다.

책을 읽을 때 누구보다 많이 사색하고, 누구보다 많이 느끼고, 누구보다 많이 실천한 사람들은 그 내용을 철저하게 파악하는 공통점이 있었다.

각계 저명인사들이 자기를 돌아보며 자신이 이룩한 성과의 뿌리가 사실은 수없이 정독한 책 한 권 덕분이라는 사실을 알게 되면 여기저기 도서관을 짓는 일이 도리어 손해나 다름없어 보일 것이다.

만약 그 많은 책이 전부 책장을 차지할 가치가 있다고 한다면 큰 도서관을 짓는 것도 용납할 만하다. 다만 수백만 권의 책에 부여된 저작권은 단지 그 책이 존재할 때부터 신이 혹은 인간이 내려준 권리일 뿐 그 가치를 입증하는 게 아니다.

수많은 시골 소년들은 기나긴 겨울밤 난롯가에 앉아 좋은 책 한두 권을 읽고 또 읽으며 영감을 얻었고, 책 내용에 용기를 얻어 학비를 스스로 벌어가며 배움을 마쳤으며 차근차근 올라가 일생일대의 과업을 이루었다.

만약 우리가 인간으로서의 자질을 충실히 갖추었다면, 우리 각자가 왕으로 태어났다는 신념을 품더라도 결코 자신을 속이는 일이 아니다. 국왕의 권력은 남들보다 더 도덕적이고 성숙하게 사유할 줄 아는 상태에서 나온다. 그 힘으로 그릇된 길로 가는 이들과 무지몽매한 이들을 안내하고 일깨울 수 있다.

사유할 줄 아는 이들이라면 모든 교육과 문헌은 사리에 밝고 자비로운 왕권이 우리 안에 있음을 증명할 때만 쓸모가 있다는 사실을 마침내 알게 된다. 인류 사회에서 최고 통치자의 자리는 에머슨이 말하는 '사유하는 인간'에게 있다.

책 속에는 우리가 경험하고 배울 수 있는 최상의 가르침이 들어 있다. 그리고 교육을 받는 주된 목적은 균형 잡힌 생각과 건전한 정서를 배양해 각자의 내면에 잠든 왕자를 깨워 최고의 지식과 경험을 깨우치도록 하는 것이다.

퀸시De Quincey에 따르면 뛰어난 책은 지식의 문학과 힘의 문학으로 구분할 수 있다. 그 책들은 모두 올바르고 강인한 정신의 소유자들이 한 치의 거짓 없이 써 내려간 글이다. 아울러 우리의 정신이 새로워지고 확장되는 경험을 선사함으로써 우리가 그전에 보지 못했던 세계가 드러난다.

구텐베르크가 인쇄술을 발명한 이래 가장 앞장서서 문

명의 진보를 이어나간 개인과 국가는 모두 훌륭하고 현명한 사람들이 쓴 책을 보며 지식을 얻고 그 힘에 마음이 움직인 자들이다.

"한 인간의 사상과 정서, 행동을 가늠하기에는 그 사람이 가까이 두고 읽는 책만큼 좋은 물건도 없다."

좋은 책 한 권 없이 으리으리한 저택에 살면서 존 밀턴John Milton의 말마따나 '책 속에 있는 산해진미를 맛본 적 없는' 가여운 부자만큼 더 삭막한 사람도 없다.

책은 그 자리에 있는 것만으로도 세련된 분위기를 조성하므로 식견이 있는 사람이라면 책을 갖추지 않고 집안을 장식하는 것은 창문을 내지 않고 집을 짓는 일과 진배없다고 여길 것이다. 정연하게 단장한 집에 사는 지성인은 모두 연간 가계 예산을 수립할 때 서재에 들어가는 비용을 책정한다.

우리가 지식의 문학과 힘의 문학을 읽는 법을 배울 때 동서고금의 명사들과 교류할 수 있고, 언행일치의 표본으로 꼽히는 사람들을 자문위원으로 삼을 수 있다.

우리는 이런 책에서 황금 같은 교훈과 보석 같은 사상의 정수를 얻는다. 또 우리는 이런 책에서 영혼의 양식을 얻어 온전히 성장한다. 이런 책들은 악행과 열등한 욕망으로부터 우리를 지켜주기 때문에 가까이 지내기에는 더없이 안전한 친구다. 고귀한 사명에 애쓰는 모든 이들에게 그 어느 때보다 필요한 것이 이런 훌륭한 책이다.

진정으로 가치 있는 책은 읽을 때마다 선하고 고귀한 삶을 향한 신념을 더 공고하게 다진다. 로웰Lowell은 이렇게 말했다.

"고귀한 영혼의 탑을 한 층이라도
더 높이 쌓아 올려라.
안이하고 부도덕한 정신의 습지에서 태어난 책,
부정하게 돈을 벌어들일 궁리만 하는 책들은
사악한 영향을 끼치기 때문에
저속하고 어리석은 이를 친구로 두는 것만큼이나
유해하기 짝이 없다."

관찰력 있는 사람은 책장을 보면 그 사람이 어떤 사람

인지 금방 알아본다. 훌륭한 책을 애독하지 않는 사람과 교류하는 일에는 시간을 들일 가치가 없다. 만약 그런 사람에게 물들지 않았다면 천만다행이다.

훌륭한 사람은 남들보다 더 도덕적이고 성숙하게 사유하는 사람이므로 왕관을 쓸 자격이 충분한 이들이 어떤 길을 걸어왔는지 살펴보라. 이들도 지식과 힘이 담긴 몇몇 책에 크게 영향받았고, 훌륭한 현자들이 쓴 책들을 수시로 탐독하며 힘든 시기를 견뎌냈음을 확인할 것이다.

아울러 책에 담긴 메시지에 고무되어 저자들의 생각과 행동을 본받으려고 노력하는 가운데 자신의 가치를 높였음을 알게 될 것이다.

출판사들이 훌륭한 책들을 인류의 공유재산으로써 발행하게 된 것도 우리로서는 다행한 일이다. 이 덕분에 가난한 사람도 저녁 한 끼 값이면 웬만한 책들을 소유할 수가 있다.

좋은 책 한 권을 우연히 읽게 된 사건을 계기로 대단한 업적을 세우고 훌륭한 사람으로 성장한 이들을 거론하자면 그 이름만 열거해도 책 한 권으로는 부족하다.

많은 이들이 가장 위대한 미국인으로 꼽는 프랭클린은

이렇게 말했다.

"코튼 매더Cotton Mather(미국의 목사이자 역사가-옮긴이)가 쓴 《선행록Essays to do good》을 읽고 나는 생각이 크게 바뀌었고, 이 변화는 장차 내 인생에 일어날 중요한 몇몇 사건에 깊은 영향을 미쳤다."

각 분야의 우수한 책들을 많이 알아갈수록 그 가운데 대학 학위 소지자가 집필한 책이 별로 없다는 사실에 놀란다. 참된 대학 교육으로부터 얻는 유익을 깎아내릴 마음은 없지만, 이 같은 사실은 훌륭한 책을 쓰기까지 대학 교육보다는 다른 환경이 크게 작용했음을 방증하는 게 아닐까 한다. 이를테면 고독, 자연과의 교감, 그리고 사상과 정서 및 행동에서 모범이 되는 훌륭한 저자들과의 빈번한 교감이 더 중요한 듯하다.

과거부터 오늘날까지 사람들의 생각과 몸가짐을 형성하는 데 강력한 영향을 끼친 책들이 많지만, 그 저자들 가운데 대학을 졸업한 사람은 현저하게 적다. 그 얼마 되지 않는 학위 소지자 중에서도 자기 자신과 그들이 이룬 성과에 관해 이야기할 때 대학 생활이 주는 장점을 칭찬하는 경우가 거의 없다는 사실도 눈에 띄는 대목이다.

학교 및 대학에서 쓰이는 교재를 집필한 저자 중에는 심지어 학교 교육과 무관하게 성공한 사람도 많다. 이뿐만 아니라 의학이나 법학 교재를 집필한 수많은 의사와 변호사들은 학교 교육이 아니라 주로 치밀한 관찰과 오랜 경험 및 깊은 사색을 통해 지식을 쌓았다.

미시시피강의 유람선 선장이었던 마크 트웨인, 식자공이었던 브렛 하트와 윌리엄 딘 하우얼스, 간판 화가로 일하며 떠돌이 생활을 했던 제임스 휘트컴 라일리, 신문사 기자였던 조엘 챈들러 해리스와 유진 필드, 목수였던 월트 휘트먼 같은 이들이 설득력 있는 작가나 시인이 된 것은 일상을 바라보는 예리한 관찰력과 자신의 본능과 개성에 충실한 덕분이었다.

한 조사에 따르면 2천만 달러가 넘는 재산을 소유한 미국인 가운데 고등학교까지만 수료한 사람은 극소수였다. 학력과 무관하게 부자가 된 이들은 다른 사람들보다 식견이 높을 뿐 아니라 다양한 현장에서 축적한 폭넓은 실무 경험이 돋보였다.

여러 분야에서 보물 같은 사업을 알아보는 능력이 뛰어난 만큼 이들은 보물 같은 책을 알아보는 눈도 확실히 뛰어났다. 다시 말해, 이들은 일과를 마치고 나면 좋은 책 안에서 위인들과 만나 답을 찾으며 성장기를 보냈고, 반면에 수많은 이들은 흥청망청 즐기고 시간을 낭비하면서 책을 보며 꿈을 꾸는 이들을 비웃고 업신여겼다.

오늘날 최상위 계층 미국인 가운데 대다수는 신흥 부자들이다. 그들에 관한 평가와는 별개로 우리 사회에 중요한 과업을 가장 많이 성취해낸 사람들이 이 벼락부자들이라는 사실을 부정하는 나라는 없다.

"세상을 보는 눈이 넓어질수록
운명을 만드는 사람은
바로 자기 자신이라는 확신이 강해진다.
간혹 다른 사람들이 끌어주기는 해도
인생이란 전적으로
자기 자신이 만드는 작품이다."

대학은 지성의 산실로 중요한 역할을 할 수 있다. 또 마땅히 학생들의 덕성을 함양시키고 용기 있게 꿈을 실현하는 일에 도전하고 실행할 수 있는 역량을 배양해야 한다.

하지만 학교 교육으로는 개인이 스스로 노력해서 얻어내야 하는 자질까지 가르칠 수는 없다. 학생들은 스스로 원대한 목표를 세워야 하고, 치밀하게 관찰하는 법을 익혀야 하며, 자신의 타고난 재능을 믿고 불굴의 의지력으로 나아가야 한다.

다윈, 호메로스, 소크라테스, 플라톤, 공자, 알렉산더, 카이사르, 단테, 루터, 셰익스피어, 나폴레옹, 워싱턴, 프랭클린, 괴테, 예수를 비롯한 수많은 위인은 대학이 낳은 인물이 아니다.

이들은 모두 자신이 가고자 하는 길을 스스로 정하고, 내면의 성전을 건축했다. 세상의 수많은 난관 앞에서도 용기를 잃지 않았고, 남에게 의존하지 않고 스스로 자신을 도왔다.

생각하는 힘

한 명문 대학의 총장이었던 울시Wolsey에 따르면 생각하는 힘을 개발하는 것은 대학의 중요한 사명 중에 하나다. 유치원부터 중고등학교를 거치고 대학에 진학하기 전까지 학교에서나 일상에서 사고력을 꾸준히 기르지 않은 사람은 대학 교육을 수행할 사고력 및 그 외의 능력을 개발하는 일에 부진할 가능성이 크다.

대학에서 학생을 가르치는 전문가, 특히 자신의 전문분야에 비해 교육기법이 서툰 경우에는 사고력이 부족한 학생들의 문제를 제대로 인지하지 못할 가능성이 크다.

대학을 나오고도 사고력이 부족한 이들이 적지 않은 현실을 볼 때 교수들은 오래전부터 이 문제를 인식하고 개선하는 데 주의를 기울였어야 했다.

자신에게 의미 있는 일을 하며 성공적으로 경력을 쌓으려면 반드시 사고력을 갖추고 스스로 생각하는 습관이 본능처럼 몸에 배야 한다. 사고력을 높이고 치밀하게 생각하는 습관을 기르는 일은 '삶의 목적 자체'라고 해도 과언이 아니다. 명료하고 넓게 사고하는 힘, 그리고 문제를 해결하는 판단력은 대학에 다닌 사람들만이 누리는 특권이 아니다.

미국 백만장자들의 사례에서 보듯이 그들의 자서전을 보면 대학 문턱을 밟은 이들은 별로 없다. 미국의 백만장자가 모두 기독교와 미국을 대표하는 고귀한 정신으로 무장한 것은 아닐 테지만, 이들이 여러 분야에서 수백만 달러를 축적할 수 있었던 공통점은 오랫동안 열심히 생각하는 습관이 몸에 밴 덕분이었다.

그리고 이들의 사고력은 대학 교육의 이점을 누리고도 스스로 생각하는 습관을 체득하지 못한 많은 이들을 무색하게 한다. 고도의 사고력과 문제해결력은 교수에게만 필요한 게 아니다.

대학에서 학생을 가르치든 아니면 거리에서 청소 일을 하든 해당 노동자에게 사고력을 기를 것을 요구하지 않는 분야는 건강한 상태가 아니다. 아무 생각 없이 업무를 처리하는 노동자는 기계뿐이다.

"성공해서 세상에 이름을 알린 사람들은 모두 끊임없이 생각하는 사람들이었다."

그들은 뛰어난 사고력을 바탕으로 많은 것을 독학으로 배웠다. 다양한 분야에서 스스로 과제를 설정하고 목표를 완수했다. 이 성공은 열심히 노동한 덕분이라기보다는 열심히 생각한 덕분이었다.

생각하는 힘과 근면함을 겸비한 사람은 비록 패배하고 실패하더라도 절대 무너지지 않았다. 생각만 하고 일하지 않거나 일만 하고 생각하지 않을 때 우리는 자신이 지닌 역량의 절반밖에 도달하지 못한다.

우리는 이런 반쪽짜리 상태에서 스스로 벗어나야 한다. 세상에는 할 일이 많고, 가치 있는 일을 성취하기에도 개인에게 주어진 시간은 너무나 짧다. 이런 세상에서 게으르게 살아가는 자신을 부끄러워해야 마땅하고, 아무 생각 없이 일하는 자신을 부끄러워해야 한다.

손과 머리, 심장이 하나가 되어 일에 매진할 때 우리는 상상 이상으로 성공하고, 세상에 널리 이바지할 것이다.

옥수수밭이나 감자밭에서 부지런히 땅을 파고 괭이질하는 청년이 자신이 하는 일에 관해서도 그만큼 부지런히 궁리한다면 질적으로도 양적으로도 더 좋은 성과를 낼 것이다.

무슨 직업이 됐든 비록 자신이 맡은 일이 시시한 업무일지라도 언제나 깊이 생각하며 일을 하겠다는 결심으로 일을 시작한다면 실패할 위험은 거의 없다. 이러한 마음가짐으로 꾸준히 사고할 때 얻는 이점은 바깥세상의 학교에서 제공하는 교육으로도 충족될 수 없다. 생각하는 습관은 일터에서만 필요한 게 아니다.

"사람을 평가할 때는
그 사람이 일터에서 보내는 시간이 아니라
여가를 보내는 방식을 살피는 것이 가장 좋다."

엘리후 버릿Elihu Burritt은 대장장이로 일하던 시절 50개 언어를 공부했다. 이뿐 아니라 수많은 책을 읽으며 사회운동에도 꾸준히 관심을 가졌고, 나중에는 설득력 강한 연설가로도 당대에 이름을 떨쳤다. 다른 대장장이들이 일을 끝내고 으레 주점을 찾거나 동료들과 잡담을 나누는 시간에 그는 이 모든 일을 해냈다.

다른 사람들이 일하고 남는 시간을 하찮은 일에 허비하는 동안 이 시간을 알차고 신중하게 활용해 세상을 더 살기 좋은 곳으로 변화시켜 이름을 남긴 이들이 많았고, 이들을 간략히 소개하는 것만으로도 수십 권의 책을 채울 수 있다.

인생이 비록 짧아도 우리가 시간을 낭비하지 않으면 고귀한 사상과 행동을 남겨 오래도록 기억할 수 있다. 여가를 사려 깊게 사용하는 사람은 시간을 허투루 쓰는 일이 거의 없다.

세상 사람들이 흔히 말하는 직업의 귀천에 상관없이 '사유할 줄 아는 사람'은 그렇지 않은 사람보다 곱절은 더 가치가 있다.

이런 남자들은 길거리를 청소하더라도 더 잘 치우고, 감자를 재배할 때도 더 잘 키운다. 이런 여자들은 바닥을 청소해도 걸레질을 더 잘하고, 옷을 세탁할 때도 더 잘한다. 만약 우리를 고용한 일터에서 생각할 기회를 허용하지 않는다면, 우리 자신과 인류를 위해 그런 일은 하루라도 빨리 그만두는 것이 좋다.

변호사, 의사, 혹은 그 밖의 어떤 전문직이라도 집의 기초를 다지고 상부 구조물을 올리는 석공보다 나을 것이 없다. 전문직 종사자도 석공도 생각하는 힘을 사용할 의무에 관해서는 차이가 없다. 그 사람의 직업이 무엇인지는 중요치 않다. 그 일을 하면서 어떻게 생각하고 또 어떻게 시간을 보내는지가 훨씬 더 중요하다.

석공이었던 벤 존슨Ben Jonson은 낮에는 석벽과 집을 지었고, 밤에는 희곡과 시를 지었는데 동시대를 살았던 셰익스피어를 제외하고 존슨의 작품을 뛰어넘은 이는 없었다.

역사에 남을 위대한 업적을 남긴 사람들 가운데 다수가 생업과 무관한 분야에서 위업을 이루었다. 셰익스피어는 배우이자 런던에서 성공한 사업가였지만 세계적인 시인으로 이름을 떨쳤다.

조지 엘리엇George Eliot은 부친의 농장에서 여러 해 동안 집안일과 농장 일을 관리했고, 우수한 유제품으로 품평회에서 상을 받기도 했다. 그녀는 생업으로 몹시 분주했던 7년 동안 틈틈이 문학적 소양을 다졌으며, 결국 위대한 여성 작가로 역사에 이름을 남겼다.

허셜Herschel은 본래 음악가였고, 메리 서머빌Mary Somerville은 집안일을 책임지고 자녀를 양육하느라 분주한 주부였지만, 두 사람 모두 천문학에서 놀라운 업적을 이루었다.

조류 사냥꾼인 오듀본Audubon이 새에 관한 가장 권위 있는 전문가가 된 까닭은 사냥하러 다니면서 다른 사냥꾼들보다 더 많은 생각과 관찰을 했기 때문이었다.

보스턴에서 내로라하는 무역상이자 자본가로 유명한 어떤 사람은 미국 전역을 돌며 손수건을 판매하는 일로 사회에 발을 디뎠다. 하지만 그 일을 하면서 섬유 전문가가 되었고, 이를 기반으로 나중에는 엄청난 돈을 벌었다.

동업자들의 증언에 따르면, 그는 여러 식물 섬유를 연구한 끝에 20가지나 되는 식물 섬유로 다양한 손수건을 제작하는 데 성공했다.

옥수수를 치밀하게 관찰해 식품으로서의 가치와 다양한 조리방식에 관해 기사를 써서 잡지사에 기고했던 어느 일반인은 해당 기사의 가치를 인정받아 대학에서 학위를 받았다.

모든 사람에게는 깨어 있는 매 순간 생각할 거리가 있다. 만일 누군가 보내는 하루하루가 남들이 보낸 1년보다 충만하고 실속이 있다면 그것은 그 사람이 남들보다 더 넓고 깊게 생각하기 때문이다. 이렇게 생각하는 습관이 몸에 밴 덕분에 이들은 사소하거나 쓸모없는 일에 시간을 낭비하지 않는다.

오하이오주의 영스타운에 사는 한 철공소 직원은 지역 학교를 나온 게 전부였지만, 용광로에서 철이 연철로 변하는 과정을 골똘하게 관찰했다. 궁금한 점이 생길 때마다 선배 직원이나 감독관에게 물어보았다. 그뿐 아니라 관련 주제를 다룬 책을 읽으며 광업과 철강업 부문에서 꾸준히 실력을 키웠다.

굴지의 철강 회사가 영스타운 단지를 매입했을 때 그는 47개 제철 회사의 대주주로 성장해 있었다. 부를 축적할 수록 마음이 황금처럼 굳고 각박해진 이들도 많지만, 이 사람은 재산이 늘어나는 만큼 그에 비례하여 마음도 넉넉해진 것 같다. 그는 평생 수많은 선행을 베풀었다.

그중 으뜸가는 선행은 모든 노동자에게 손만 부지런히 움직일 게 아니라 머리와 마음도 부지런하게 써야 한다는 사실을 몸소 보여준 것이라 하겠다. 이 조언을 꾸준히 실천하면 남녀노소 할 것 없이 누구나 큰 꿈을 이룰 수 있고 훌륭한 인물이 될 수 있다.

"영혼의 성장을 추구하며 생각하는 힘을 키우고,
선한 마음과 행동을 함양하는 일에
전념하는 사람이야말로
가장 배움이 높은 사람이다."

본성과 개성

"시계공처럼 정밀하게 나를 설계할 도구를
신은 우리 안에 모두 제공하였다."

문명이 들어선 지 여러 세기가 흐른 지금 사상가들처럼 여전히 위 문장에 의문을 제기하고 있다면 교육 방법론에 문제가 있는 것이 틀림없다. 우리 각자에게 태생적으로 부여된 본성과 개성에는 지혜로운 섭리가 내포되어 있다.

하지만 학교에서 이 포장을 풀어내는 과정에서 안타깝게도 본능과 개성이 망가지고, 각자에게 부여된 재능이 쓰레기통에 버려지곤 한다. 학교 교과과정을 습득하도록 만드는 과정에서 우리의 본능이 무뎌지고 고유한 개성을 잃어버린다.

학생들의 타고난 자질을 제대로 발현하도록 돕지 않는 문명사회의 교사들은 이 실패를 어떻게 정당화할 것인가?

학교의 소인배들은 무슨 권리로 교육 과정에서 이 자질을 몰아냈는가?

존 러스킨은 《왕의 보고King's Treasuries》에서 이렇게 지적했다. "대부분의 현대 교육은 우리가 인지할 수 있는 모든 중요한 주제에 관해 엉터리로 사고하는 능력을 기르는 일을 의미한다." 이 비평을 곧이곧대로 받아들이진 않더라도 오늘날 올바른 교육을 받는 일만큼 냉철한 분별력과 자기 주도성을 간절히 요구하는 분야도 없다.

세상은 어리석게도 '잘못된 교육'이 교육이라 불리는 것을 허용하고 있으며 오늘날 교육 현장에서는 효율적인 교육이 의미하는 바가 무엇인지 눈과 귀를 막고 있을 때가 많다. 이런 교사들에게 인생의 진로를 묻는 것은 시각장애인한테 길을 묻는 것이나 진배없다.

건설 현장 노동자와 길거리 청소부가 하는 일들처럼 학

교에서 하는 많은 일도 생계를 위한 일이다. 이른바 전문 교육의 최고 사명이라고 하면 흔히 학생들이 '세상에 잘 적응하도록' 지성의 칼날을 벼리는 일이라고 말한다.

하지만 대부분의 중고등학교나 대학에서 교사 가운데 다수는 어느 한 분야의 전문가일 뿐이고, 대개는 자신의 분야 외에는 관심이 별로 없을 때가 많다.

경주마에게 눈가리개를 씌워 좌우 시야를 차단하고 앞만 보고 달리게 하듯 극단적인 전문화는 우리의 시야를 좁힌다. 과도한 전문화는 개인이 지닌 다양한 재능을 위축시킨다. 무릇 교육이란 우리가 타고난 능력을 온전히 계발하고 훈련하는 일이다.

독창적이고 자주적인 사고로 앞서가는 수많은 이들이 오늘날 학교 교육에 매우 적대적인 까닭도 상기한 문제점이 원인이 아닐까 한다. 이들은 "자갈에 광택을 내고, 다이아몬드 원석을 망가뜨리는 곳"이 학교라며 거칠고 날카로운 혹평을 쏟아낸다. 교육자임을 천명하는 이들이 하는 일을 보면 학생들을 학습시키는 일 외에는 없는 듯하다.

참된 교육이라는 관점에서 볼 때 그 같은 학습은 기껏

해야 목수가 쓰는 도구, 즉 목적에 이르는 하나의 수단일 뿐이다. 모든 목재가 그렇듯 학습의 가치 또한 그것으로 무엇을 만들고 생산하느냐에 달렸다.

대학은 포괄적인 교육 기관이 아니라 새로운 지식과 기술만 익히는 배움의 전당에 불과하고, 그 배움의 폭도 너무 좁아서 자신의 가치를 확신하는 사람이라면 이러한 제약을 견디기 힘들다고 비판하기도 한다.

대학에서는 오로지 한 가지 학문만 학습할 뿐 다양한 학문을 배우지 못한다. 새로운 지식을 학습할수록 유식한 사람이 되지만 현명한 사람이 되는 경우는 흔치 않다.

참된 교육은 현명한 사람을 길러낸다. 배운 지식이 많다고 해서 판단력이 뛰어난 것은 아니다. 더없이 유식한 사람이 더도 없는 헛똑똑이에 불과할 때도 있다. 학식을 뽐내는 사람은 새로운 지식을 수용하느라 자신의 사고 능력을 잠재울 때가 많다. 배운 지식 하나를 제대로 처리하려면 그 열 배나 되는 판단력이 필요하다.

솔로몬이 잠언을 지은 것이지 잠언을 읽고 솔로몬이 된 것은 아니다. 배움의 끈이 짧아도 판단력이 좋은 사람과 배움의 끈이 길어도 판단력이 없는 사람이 있다면 전자가 후자보다 천 배는 더 낫다. 인생을 거대하고 장중한 건물에 비유할 때 학교와 대학은 지하실 벽에 불과하다. 학력과 지혜가 언제나 짝을 이루는 것은 아니다.

훌륭한 일을 하며 세상을 더 좋은 곳으로 만드는 데 이바지한 이들은 모두 (단순히 배운 사람이 아니라) 자신의 본성과 개성에 충실한 사람들이었다. 유식한 소인배들이 "수염이 덥수룩한 사람들 사이에서 가당찮게 목에 힘을 주고 무례하게 굴며" 젠체하는 모습을 우리는 너무나도 자주 본다.

아는 것이 인생에서 차지하는 비중은 일부일 뿐, 정말로 중요한 것은 행동하는 것이다. 가장 좋은 산출물은 교육을 거칠 때 나온다. 여기서 말하는 교육이란 선천적인 재능과 후천적인 요인을 조화시키는 교육이다. 아울러 미술과 문학, 도덕 및 자연에서 우리가 아름다움을 인지하고 소중히 여기도록 가르치는 교육을 말한다.

참된 교육은 지식 및 기능을 가르치는 일뿐만 아니라 본성과 개성을 온전히 발현시키는 일이기도 하다. 올바른 정신을 기르고, 영혼을 온전케 하며, 세상에 나가 싸울 수 있는 검과 방패를 갖추도록 돕는다. 인생에서 가장 중요한 가치를 찾도록 돕고, 고귀한 삶의 원천이자 문명을 촉진하는 유일한 원동력이기도 하다.

이 같은 참된 교육을 받을 때 우리는 소박한 삶을 배우고, 자기를 다스리는 법을 익히고, 개성을 강화하고, 인간성을 계발하고 고양한다.

이뿐 아니라 생각하는 습관과 감정을 알아차리는 습관 및 행동하는 습관을 기르고, 우리 안에 잠재한 야만성을 제거하고, 자기를 제약하는 속박에서 벗어나고, 겸손함을 배우고, 교양을 쌓는다.

참된 교육은 진리를 추구하고 아름다운 것을 사랑하고, 선한 것을 갈망하고, 최선의 것을 실천하도록 이끈다.

방금 열거한 일들을 수행하는 교육이라면 언쟁할 일이 없다. 이런 교육은 우리가 강조하는 본성과 개성을 육성하기 때문이다. 나는 모든 이가 참된 교육이 주는 혜택을 누리기를 평생 열망했고, 성인이 되어서는 "가진 것도 도와줄 사람도 없는 자녀들"에게 이 교육을 제공하기 위해 부단히 애썼다.

교육 시스템을 진단하려면 해당 시스템에서 어떤 종류

의 사람들을 양성하는지 보면 된다. 특히 아무 문제 없이 그 시스템을 통과한 사람들보다는 그렇지 못한 사람들을 보고 평가하는 것이 현명하다. 즉, 토끼보다 거북이를 살펴야 한다.

참된 교육자는 언제나 자신이 맡은 학생들의 악함보다는 그 안에 깃든 신성에 훨씬 더 관심이 크다. 각자가 지닌 고유한 개성이야말로 만물의 근간이 되는 특별한 재능이기 때문이다.

우리에게 필요하고 마땅히 요구해야 하는 것은 지식만 가득 찬 머리가 아니라 제대로 교육받은 머리다. 지식만 채운 머리로는 올바른 인생관을 깨우칠 수 없다. 아이들의 본성을 지키고 계발하는 교육, 아이들의 개성을 살리고 강화하는 교육은 인생의 전장에 나가기 전에 칼과 방패를 제공하는 일이다.

"남들과 다름없이 살려고 한다면
이는 결국 다른 사람보다 열등한 사람이 되거나,
남들처럼 사는 데 실패하는 길로 가는 것을 의미한다."

우리 안에는 천부적인 재능이 있으며 그 재능을 살리는 법을 다른 무엇보다 먼저 교육해야 한다고 일관되게 요구해야 한다. 타고난 개성이 의도한 대로 살아가는 것이 가장 좋다.

자기다운 모습으로 사는 사람은 인생이라는 게임에서 그 타고난 자질을 무기로 활용하므로 자기 몫의 삶을 살아가는 데 실패하는 법이 없다. 우리는 자기다운 사람이 되어야 하고, 자신에게 맞는 일을 해야 한다.

지극히 보잘것없는 사람도 본성과 개성에 거짓 없이 충실하다면 자신을 완성할 수 있다. 우리가 불완전하다면 그것은 본성과 다른 법도에 따라 살아가기 때문이다.

만약 누군가 우리의 개성을 뜯어고치며 다른 모습으로 살아가도록 강요할 때 이를 허용하지 않고 타고난 형상대로 살아간다면 이 세상과 삶이 얼마나 달라지겠는가!

"많은 이들이 입에 빵을 물고서 굶어 죽는다.
이미 빵이 있는데도 그것을 뱉어버리고는
음식을 달라고 떼를 쓴다."

II. 부의 열쇠

인도의 설화

여러 해 전 나는 갠지스강을 거슬러 인도 북부 지역을 여행한 적이 있다. 당시 해외 특파원이었던 나는 일행과 함께 인도 북부의 성지인 아그라에 도착해 타지마할을 방문했다.

그다음에는 한 쌍의 소가 끄는 수레를 타고 35킬로 떨어진 곳에 있는 도시로 향했다. 이곳은 무굴제국의 악바르 대제가 세우고 여름 별장으로도 쓰였던 매혹적인 곳이지만 폐허나 다름없는 죽은 도시였다.

그때 광활한 인도 땅을 가로지르며 여행한 일을 나는

한 번도 후회한 적이 없다. 지금껏 보지 못한 것들을 보았고, 활자로 접하지 못한 이야기를 들었기 때문이다.

나이 지긋한 가이드를 따라 도시 곳곳의 건물들을 둘러보았는데 동방 설화에 박식했던 가이드는 그곳에 관련된 고대 역사와 전통 설화를 차근차근 풀어 놓았다.

그 이야기는 내게 유용한 글감을 제공했다. 그때 수첩을 보니 이야기를 들으며 받아쓰느라 글씨가 괴발개발이라 알아보기 힘들지만, 그 내용은 아직도 잊지 않고 있다.

가이드 이야기로는 무굴제국 황제가 그 땅에 도시를 건설하기 전 그곳에는 아름다운 궁전이 있었다고 한다. 그 궁전이 지금 이야기하려는 전통 설화의 무대다. 그 궁전의 알현실에 들어가면 맨 앞쪽에 높은 단상이 있고, 그 위에는 반짝반짝 빛나는 황금 왕좌가 있었다.

왕좌 옆에는 받침대가 하나 있고 화려한 은관이 놓여 있었는데, 왕은 명령을 내려 법을 공포할 때면 이 왕관을 썼다. 왕관을 벗으면 그도 일반 백성과 크게 다르지 않았다. 하지만 왕이 이 은관을 쓰고 하는 말은 절대적이어서 메디아와 페르시아의 법률처럼 한번 정하면 왕도 바꿀 수 없었다.

가이드의 설명에 따르면 오랜 세월 그 나라를 다스렸던 왕은 후사가 없이 눈을 감았다. 왕위를 계승해 그 은관을 쓸 사람이 아무도 없었다. 백성들은 신권을 신봉했기에 반드시 왕가의 혈통을 이은 사람이라야 왕위에 오를 수 있다고 믿었다.

사람들은 고인이 된 왕의 핏줄이든 왕가의 핏줄이든 후계자를 찾느라 12년을 허비했다. 왕국은 결국 무정부 상태에 빠져 상거래가 끊겼고, 기근까지 발생해 백성들은 고통에 시달렸다. 사람들은 점성술사들에게 왕이 될 사람을 찾아달라고 간청했다.

별을 숭배하는 점성술사들은 알현실에 모여 별나게 생긴 지도를 펼쳐놓고 하늘의 별들에 물었다. "왕의 후계자를 어디서 찾아야 합니까?"

별들이 그들에게 답했다. "나라의 위아래를 모두 살펴 동물이 따르고, 태양이 섬기고, 물이 순종하고, 모든 사람이 사랑하는 이를 찾으면 그 사람이 누구의 후손인지 물을 필요도 없으리라. 그 사람이 황금 왕좌와 은관을 물려받을 자격이 있는 왕통일 것이다."

점성술사들은 각지로 흩어져서 사람들에게 묻기 시작했다. “동물이 따르고, 태양이 섬기고, 물이 순종하고, 모든 사람이 사랑하는 사람을 본 적이 있습니까?”

그럴 때마다 사람들에게 돌아오는 것은 비웃음뿐이었다. 백발이 성성한 점성술사 한 명은 후계자를 찾아다니는 중에 히말라야산맥 깊숙한 곳까지 찾아 들어갔다. 12월의 강풍을 만나 피할 곳을 찾던 그는 산자락에 있는 한 사냥꾼의 오두막에 거하게 되었다.

그날 저녁 점성술사는 늦도록 잠을 이루지 못했다. 고통스럽게 죽어가는 백성들 생각에 눈물이 절로 흘러내리는데, 문득 계곡 아래서 들짐승의 울음소리가 들려왔다.

그 소리는 점점 가까워졌고, 가만히 들어보니 소리를 구분할 수 있었다. “하이에나가 그르렁거리고, 호랑이가 낮게 으르렁거리고, 늑대가 길게 울부짖는군.”

순식간에 들짐승 두 마리가 점성술사가 누워있는 오두막 벽에 코를 바싹 들이대고 킁킁거렸다. 깜짝 놀란 그는 달빛이 들어오는 창으로 혹여 짐승이 뛰어 들어올까 두려워 창문을 얼른 닫았다.

창가에 서니 오두막 주인인 사냥꾼의 거무스름한 형체

가 눈에 들어왔다. 사냥꾼은 사다리를 타고 다락에서 내려오는 중이었다.

점성술사는 사냥꾼이 곧 문을 열고 나가려는 듯 문가로 다가가자 앞으로 나서며 말했다. "문을 열지 마시오! 밖에 호랑이와 하이에나, 표범, 늑대가 있소."

사냥꾼이 대답했다. "염려 놓으시고 누워서 쉬십시오. 이들은 제 친구들입니다."

사냥꾼이 문을 활짝 열자 호랑이, 표범, 하이에나, 늑대가 들어왔다. 사냥꾼은 오두막 구석에 길게 걸어둔 새끼줄에서 말린 약초를 걷었다. 사냥꾼은 이 약초들이 해독제로 쓰이는 것을 눈여겨보고, 동물들을 위해 지난가을 이를 비축해 두었다.

독초를 먹은 동물들은 멀리서 이 약초 냄새를 맡고 사냥꾼의 오두막에 몰려왔다. 사냥꾼은 동물들을 맞이했다. 고통을 겪고 있던 동물들은 다들 얌전하게 사냥꾼을 따라 오두막 구석으로 이동했다. 사냥꾼은 다가오는 동물들에게 차례차례 약초를 먹였다. 동물들은 저마다 사냥꾼의 손을 핥아 고마움을 표시한 뒤 순순히 문밖으로 나갔다.

동물들이 모두 나가자 사냥꾼은 문을 닫고 아무 일도

없었다는 듯이 잠을 청했다.

들은 그대로 정말 멋진 설화다. 동물들이 떠나자 늙은 점성술사는 깔개에 누워 중얼거렸다. "동물들이 저 사람을 따르는구나." 그 순간 별들의 전언이 떠올랐다. "어쩌면 저 사냥꾼이 왕일까?" 하지만 곧 생각을 고쳐먹었다. "아니야. 저 사냥꾼이 왕일 리가 없지. 저 사람이 황금 보좌에 앉아 은관을 쓰게 된단 말이야? 못 배워서 막일로 살아가는 산골 촌부가? 저 사냥꾼은 왕이 아니야."

이튿날 아침 날이 몹시 추웠다. 두 사람은 따뜻한 모닥불 생각이 간절했다. 사냥꾼이 밖에 나가서 나뭇잎과 나뭇가지들을 모아서 돌아오더니 그것들을 오두막 한가운데 내려놓았다. 그러고는 천장에 매달린 천을 걷어냈다.

수정을 통과한 햇빛이 바닥의 한 지점에 모인다는 사실을 눈여겨보았던 사냥꾼이 고정해 둔 수정 장치였다. 해가 솟아오르자 수정체를 통과한 빛이 나뭇잎과 나뭇가지가 있는 곳에 모여들었다. 나뭇가지에서 타닥타닥 소리가 나기 시작했다. 나뭇잎들이 열기에 오그라들면서 작은 연기가 피어오르자 이내 불꽃이 일었다.

점성술사가 피어오르는 불꽃을 보고 중얼거렸다. “태양이 불을 피우는군! 태양이 이 사람을 섬기고 있잖은가. 어제는 동물들이 따르더니. 어쩌면 이 사람이 왕이 맞을지도 몰라.”

하지만 점성술사는 금세 또 생각을 고쳐먹었다. “아니야. 이 촌부가 왕일 리가 없지. 이렇게 못 배운 자가 왕이 되고 그 나라에서 내가 일반 백성으로 살아야 한다면, 고귀한 혈통을 물려받고 많은 재산과 학식과 교양을 쌓은 내 꼴이 정말 우습지 않은가. 아무리 봐도 사냥꾼보다는 차라리 내가 왕이 되는 게 빠르지.”

얼마 있다가 갈증을 느낀 점성술사가 사냥꾼에게 물이 있는 곳을 물었다.

사냥꾼은 이렇게 대답했다. “계곡 아래 샘이 있는데 거기서 물을 마십니다.”

점성술사는 샘물이 있는 곳으로 내려갔다. 그런데 별안간 돌풍이 불어 샘물이 뒤흔들리면서 물이 탁하게 변하고 말았다. 점성술사는 차마 그 물을 마시지 못하고 되돌아와서 물이 온통 흙탕물이 되었노라고 투덜댔다.

그러자 사냥꾼이 말했다. “샘물이 요동을 치더이까? 그렇다면 진정을 시켜줘야겠군요."

사냥꾼은 오두막 구석으로 가더니 기름을 모아둔 병을 하나 꺼내 들고서 샘이 있는 곳으로 내려갔다. 사냥꾼은 샘물에 기름을 한 방울 떨어뜨렸다. 어느새 샘물이 잔잔해지며 아름다우리만치 깨끗해졌다.

점성술사는 윤기가 흐르는 사발에 샘물을 담아서 시원하게 들이켰다. 그 순간 확실한 징표를 목격한 기분이 들었다. "이 사람은 왕이다. 물이 그에게 순종하고 있지 않은가!" 하지만 이번에도 점성술사는 주저하며 중얼댔다. "이 사람이 왕이 아니었으면 좋겠구나."

이튿날 두 사람은 산에 올랐다. 계곡 위쪽에는 둑으로 물길을 막아놓아 제법 큰 저수지가 형성되어 있었다.

점성술사가 말했다. "물방아도 없는 이곳에 웬 둑이오?"

그러자 사냥꾼이 대답했다. "몇 년 전에 평지에 내려가 보니 사람들이 물이 부족해 죽어가고 있었습니다. 괴로워하며 죽어가는 사람들을 보니 몹시 가여운 생각이 들더군요. 그런데 이곳에 돌아와서 눈여겨보니…"

여기서 잠깐 이야기를 끊고 중요하게 할 말이 있다. 사냥꾼은 “이곳에 돌아와서 눈여겨보니”라고 말했다. 대상을 눈여겨보는 관찰력은 틀림없는 성공의 비결이다.

나는 여러분이 행복하기를 바란다. 여러분 모두가 인류를 위해 선한 영향력을 베풀 수 있기를 바란다. 여러분이 좋은 집과 근사한 서재를 소유하고, 두둑한 자금을 축적하길 바란다. 이것들을 얻는 길은 주변을 관찰할 줄 아는 누구에게나 열려 있다. 크게 성공한 이들은 모두 이 길을 스스로 걸었다.

사냥꾼이 말했다. “이곳에 돌아와서 눈여겨보니 산비탈에 있는 바위가 흔들거렸습니다. 보아하니 어렵지 않게 떨어뜨릴 수 있겠다 싶었죠. 바위를 보니 협곡에 둑을 쌓기에 안성맞춤이었습니다. 그렇게 해서 작게나마 둑을 만들면 꽤 많은 물을 모을 수 있겠더군요. 저는 바위가 굴러 떨어지도록 만들어서 물길을 막고 둑을 쌓아 물을 비축했지요. 무더운 여름이 되면 항상 여기로 와서 둑을 조금 터놓고 여름 내내 물이 강으로 흘러가도록 합니다. 그러고 나서 가을이 오면 다시 둑을 쌓아 내년 여름을 위해 물을 비축합니다.”

점성술사가 그 이야기를 듣더니 사냥꾼을 보고 말했다.

"산 아래 사는 사람들은 모두 당신이 은혜를 베푼 사실을 알고 있소?"

"예, 저를 알아봤습니다. 얼마 전 겨울 동안 사냥한 동물 가죽을 팔려고 마을에 내려갔더니 사람들이 몰려와서 저에게 입을 맞추고, 껴안고, 저마다 고마움을 전하더군요. 앞으로는 마을에 내려가지 않을 생각입니다."

사람들이 모두 사냥꾼을 사랑한다는 말을 듣고 점성술사는 네 가지 조건이 모두 충족되었음을 깨달았다. 점성술사는 무릎을 꿇더니 사냥꾼의 거친 손을 부여잡고 흉터진 그의 얼굴을 올려다보며 말했다.

"그대는 왕위를 계승할 왕통입니다. 별들이 우리에게 일러주었습니다. 동물이 따르고, 태양이 섬기고, 물이 순종하고, 모든 사람이 사랑하는 자를 찾는다면, 그가 왕위를 계승할 자임을 알라고 했죠. 그대가 바로 그 사람입니다!"

사냥꾼이 말했다. "제가 왕이라고요? 아이고, 저는 왕이 아닙니다. 우리 할아버지는 농부였어요!"

점성술사가 말했다. "할아버지 얘기는 하지 마세요. 그것과 이 일은 아무 관련이 없어요. 별들은 그대가 왕이라고 말합니다."

사냥꾼이 대답했다. "제가 어떻게 나라를 다스릴 수 있겠습니까? 법에 관해서는 아무것도 모르는데요? 법을 공부한 적도 없어요!"

점성술사는 고대 경전에서 한 말씀을 인용하며 대화를 종결지었다. 그 말을 그대로 직역하자면 이렇다. "별들이 명해 나라를 다스릴 임무를 맡은 자는 감히 신성한 명령을 거역하지 못하리라." 요즘 말로 풀이하자면 이렇다. "왕위 지명을 수락하십시오!"

사냥꾼은 별들의 뜻에 따라 결정된 일이라는 말을 듣고 순순히 점성술사를 따라 계곡을 내려가 아름다운 궁전으로 향했다. 사람들은 사냥꾼에게 자주색 옷을 입혔다. 백성들이 기쁨과 희망에 차서 환호하는 가운데 사냥꾼의 머리에 왕권을 상징하는 은관이 씌워졌다.

나이 지긋한 가이드의 설명으로는 그 후 40년 동안 사냥꾼은 나라를 다스리며 평화와 번영을 가져다주었고, 이는 이전에도 이후로도 누려보지 못한 태평성대였다고 한다. 이 아름다운 설화는 너무나도 인상 깊어서 그 후로도 잊히지 않았다.

올리버 웬델 홈스

어미 암탉 한 마리가 누구보다 좋은 교사가 될 수도 있다. 문가에 와서 주변 땅을 파고 울타리 주변에서 꼬꼬댁거리거나 정원의 꽃을 뜯어 먹는 늙은 암탉이 똑똑한 대학교수보다 더 많은 것을 안다. 나는 어미 암탉이 하는 행동에 무슨 뜻이 있는지 이해하고 싶다.

하지만 고도의 지적 능력을 갖춘 척하는 몇몇 교수들은 이렇게 말한다. "나는 명문 대학을 나온 사람입니다. 암탉 따위를 관찰할 시간은 없어요."

암탉을 관찰할 시간이 없다고? 암탉과 대화하려고 시

도는 해보았을까?

"아니요, 없습니다. 암탉에게는 언어가 없으니까요."

어미 암탉이 새끼들을 부르니 병아리들이 그 소리에 쪼르르 달려오는 것을 본 적이 없는가? 암탉이 수탉을 꾸짖으면 수탉이 물러서는 것을 본 적이 없는가? 암탉에게도 틀림없이 언어가 있다. 이제는 똑똑한 교수들이 암탉이 하는 말을 배워야 할 때다.

그 교수는 이렇게 항변할지 모른다. "그래도 암탉과 보낼 시간은 없어요! 그것들이 늘 주변에 있기는 한데 특별히 눈여겨본 적은 없습니다. 나는 세상을 위해 더 가치 있는 일을 연구하고 있으니까요."

"교수님, 잠깐 내 서재로 가서 시험문제 좀 풀어보실까요? 교수님은 오랜 세월 학생들에게 시험문제를 냈으니 이번에는 내가 교수님을 위해 시험문제를 내도록 하죠. 교수님이 알고 있는 모든 과학 지식과 그 지식을 응용한 사례 및 도구를 뭐든 사용하세요. 세상이 발견한 모든 화학적 지식을 활용해도 좋습니다. 이리 와서 비둘기알을 손에 쥐어보세요. 그냥 알 한 개입니다. 교수님, 이 알에서 어느 부분이 장차 박동하는 심장이 될지 이 책을 읽는 독자들에게 말할 수 있나요? 심장이 어느 부분에 있는지 아시겠어요?"

"아니요. 그것은 모릅니다. 하지만 알에서 일어나는 화학 반응과 성질은 말해줄 수 있어요."

"아니요. 내가 찾는 것은 그게 아니에요. 알 속에 새겨진 설계도랍니다. 나는 화학보다 훨씬 신비하고 신성한 것을 찾고 있어요. 교수님, 이 알 속에서 다음에 형성될 뼈대가 어디에 나타날지 아십니까?"

"아니요. 그것은 모릅니다."

"윤기가 흐르는 가슴은 어느 부분에 있고, 태양이 뜰 때 푸드덕하고 펼칠 날개는 어느 부분에서 나오나요?"

"그것은 아무도 모릅니다."

그 교수가 옳다. 그것은 아직 알 수가 없다. 알 속에서 일어나는 일은 세상이 해결해야 할 가장 중차대한 과학 문제다. 다시 말해, 생명의 시작과 신의 설계도를 알아내는 일이다. 알은 생명의 비밀을 품고 있다.

교수에게 이 생명이 어디서 시작되는지 물어보면 그는 이렇게 답할 것이다. "그 질문에는 아무도 답할 수 없어요."

그렇다면 우리가 이 문제에 대답할 수 있을 때까지는 알을 품는 암탉을 볼 때마다 경의를 표해야 한다. 어미 암탉은 본능적으로 그 문제의 답을 우리보다 더 잘 알기 때문이다. 암탉은 신이 주신 본능에 따라 생명이 시작되는 중요한 비밀을 알고 있는 것이 분명하다. 우리는 아직 그것을 모른다.

매사추세츠 출신의 뛰어난 시인 올리버 웬델 홈스Oliver Wendell Holmes 박사를 최근에 만났다. 그는 자신의 뒷마당으로 나를 부르더니 그가 키우는 병아리들을 구경하라고 청했다. 이름을 부르면 병아리들이 달려온다는 것이었다.

그 집 병아리들도 우리 집 병아리들과 별반 다르지 않았기에 손님 앞에서는 모습을 드러내지 않았다. 그래도 평소에는 어미 암탉이 새끼병아리들을 하나하나 부르면 자기 이름을 듣고 나타나리라는 사실을 나는 조금도 의심치 않는다. 다윈이 비둘기를 속속들이 이해했듯이 훌륭한 시인 홈스도 암탉과 병아리들을 속속들이 이해했으리라.

홈스와 다윈 같은 사람이 암탉에게서 많은 것을 배울 수 있었다는 사실은 놀라운 일이었다.

홈스의 삶을 조명한 전기에서는 이 사건을 빠뜨린 것 같은데, 그가 쓴 회고록에 암탉과 관련된 이런 일화가 있다. 시인 롱펠로Henry W. Longfellow는 홈스의 막역지우였다. 두 사람은 만날 때마다 서로 농을 주고받으며 장난을 쳤다.

하루는 홈스 박사가 롱펠로에게 매사추세츠 브리지워터에서 열리는 가금류 박람회에 가자고 청했다. 롱펠로는 조류에 흥미가 많았던 터여서 흔쾌히 수락했다.

두 명의 뛰어난 시인은 가금류 박람회를 찾아갔다. 암탉과 병아리 전시품 사이로 난 통로를 지나는데 수탉이 그려진 대형 벽보가 하나 눈에 들어왔다. 수탉이 날개를 활짝 펼치고 부리를 벌려 수많은 병아리를 향해 열변을 토하는 모습이었다. 그 벽보가 무척 독특하다고 느낀 롱펠로가 홈스를 불러 그 벽보를 가리키며 말했다.

"저것 좀 보게. 자네는 병아리들을 좋아하니 저 그림을 이해하겠군. 수탉이 저렇게 병아리들에게 연설할 때 무슨 말을 할 듯싶은가?"

홈스 박사는 롱펠로와 가던 길을 계속 가면서 그 그림에 관해 골똘히 생각했다. 이윽고 홈스가 몸을 돌리며 말했다. "먼저 가 있게. 곧 따라갈 테니."

그는 벽보가 있는 곳으로 돌아가서 의자를 밟고 올라서더니 벽보 위쪽에 박힌 압정을 빼냈다. 그러고는 광고문구가 적힌 벽보 위쪽을 조금 접어서 뒷면의 백지가 보이도록 해놓고, 펜을 꺼내 그가 생각하는 수탉의 연설 내용을 적었다. 그는 일필휘지로 글을 써 내려갔다. 사람들의 증언에 따르면 일 획도 고쳐 쓰지 않았다.

홈스는 롱펠로를 데리고 다시 돌아와 벽보를 보여주었다. 그는 롱펠로의 《인생 찬가》를 패러디해서 다음과 같은 시를 써놓았다.

인생은 허구가 아니야, 인생은 실전이야!
껍질을 깨치고 나와. 거긴 네가 머물 곳이 아니야.
알에서 나왔으니 알로 돌아가라는 말은
우리 암탉들에게 하는 말이 아니야.

예술은 길고, 시간은 쏜살같다.
부리를 날카롭게 갈도록 해.
천을 덧댄 북을 두드리듯 힘없이 두드리지 말고,
안쪽에서 힘차게 껍질을 두드려야 해.

세상의 광활한 전쟁터 속에,
거대한 농가의 삶에 들어왔거들랑
게으른 소처럼 굴지 말고
투쟁하는 수탉이 되어라!

앞서간 모든 수탉이 상기시키는구나.
우리가 고귀한 삶을 살 수 있다고.
이 세상을 떠날 때는 시간의 모래 위에
암탉의 발자취를 남겨라.

암탉의 발자취를 보고서,
빗속에서 풀이 죽어 있던 또 다른 병아리가,
구박을 당하며 처량하게 지내던 어떤 형제가,
그 발자취를 보고 다시 한번 힘차게 울리라.

집이며 길거리며 우리가 있는 어디서든지 날마다 동물을 눈여겨보고 관찰한다면, 동물의 삶은 우리에게 많은 가르침을 준다.

샬럿 브론테

샬럿 브론테Charlotte Bronte는 뛰어난 예술가였다. 그녀는 가족에 헌신적이고 현숙한 여성이었으며 나는 이런 여성들을 존경한다. 롱펠로가 “현숙한 여인”에 관해 쓴 시를 읽어보았는가? 그 시를 읽으면 항상 샬럿 브론테가 떠오른다.

어느 날 롱펠로가 내게 그 시를 보여주었을 때 나는 왜 그 시를 시집에 싣지 않았는지 물었다. 그는 “그만한 가치는 없다고 생각했지.”라고 답했다. 그가 죽은 후 그 시는 사람들 사이에서 첫손에 꼽혔다. 시의 일부만 인용해보자.

작은 장미 안에서 다채로운 색조를 보듯,
작은 금 알갱이에서 많은 값어치가 나오듯,
작은 송진에서 풍부한 향이 피어오르듯,

작고 현숙한 여인에게서 천국의 빛을 보오.

샬럿 브론테는 아름답고 교양 있는 사람으로 몸집은 작아도 강단 있고, 일일이 표현할 수 없을 만큼 멋진 여성이었다. 그녀에게는 돌봐야 하는 어린 남동생이 있었다. 젊은 여성에게 돌봐야 하는 어린 남동생이 있다는 것은 연인이 있더라도 짬을 내지 못했으리라는 의미다.

이 남동생은 머리가 둔하고 손재주가 없어 예술가가 될 재목이 아니었다. 그래도 브론테는 남동생을 화가로 키울 작정이었다. 브론테는 남동생을 해변이나 마을, 숲에 데리고 다니며 이렇게 가르쳤다. "모든 것을 눈여겨보고, 면밀하게 관찰해야 해."

어느 날 남동생이 그림으로 2등 상을 받아왔다. 그러자 어린 누이는 남동생을 꼭 껴안고 입맞춤하며 상을 받은 것에 고마움을 표시했다. 브론테는 천생 여자였다!

나는 여성을 이해하지 못한다. 이 세상 만물 모두가 신비롭다지만, 그중에서도 여성이 가장 신비롭다. 샬럿 브론테는 내가 살던 고향에서 알고 지내던 할머니와 별반 다르지 않았다. 그 할머니는 남편이 양 떼를 기르는 것에 눈물을 흘리며 고마워했고, 겨우내 남편보다 먼저 일어나 양 떼를 먹였다.

샬럿 브론테의 남동생은 방탕하게 살다가 눈을 감았다. 목사였던 아버지도 나이가 들어 세상을 떠났다. 샬럿 브론테는 생계를 부양할 수단이 없었다. 그녀가 친구들에게 사정을 이야기하자 친구들이 말했다. "샬럿, 넌 대학 교육을 받았으니 글을 써 봐."

익히 알고 있듯이 그녀는 첫 작품 《제인 에어》를 출간했으며, 이 멋진 소설로 당시 3만 8천 달러를 받았다. 빅토리아 여왕은 천재적인 글솜씨를 기려 귀족 신분도 아닌 이 아가씨를 윈저궁으로 초대했다.

샬럿 브론테는 어떻게 그토록 빼어난 소설을 쓸 수 있었을까?

남동생을 위해 모든 것을 세세히 관찰한 덕분이었다. 그녀가 펜을 쥐면 마치 산자락을 흐르는 물처럼 막힘없이 아름다운 묘사가 흘러나왔다. 세상 이치가 그렇다.

남들보다 더 많은 보상을 받는 것도 아닌데, 그녀처럼 선한 마음으로 남의 유익을 위해 자신을 헌신하는 사람은 없을 것이다.

우유 배달부

그리 오래전 이야기가 아니다. 웨스트버지니아에 있는 한 우유 배달부가 매일 아침 농장에서 기차까지 우유를 배달했다. 사람들이 우유를 차량에 옮겨 싣는 동안 그 청년은 역에 정차하고 있는 기차를 유심히 관찰했다.

당신도 사는 동안 기차를 탄 적이 있고, 기차가 이동하는 모습을 객차 안에서나 밖에서도 보았을 테고, 역에 정차된 기차도 자주 보았다. 거대한 생김새에 감탄도 했을 테지만 기차에 관해 아는 것은 별로 없다.

일화의 주인공인 우유 배달부는 기차에 관심을 가지며

유심히 살피고, 이곳저곳 길이를 가늠해보기도 하고 기관사에게 궁금한 사항들을 물었다.

우유 배달부가 기차에 유독 흥미를 보이자 하루는 기관사가 그를 조종실로 데려가 증기기관의 시동을 거는 법과 시동을 끄는 법, 엔진을 역회전시키는 법, 기적을 울리는 법 등을 보여주었다. 우유 배달부는 몹시 기뻐했다. 그는 배달 일을 끝내고 저녁에 집에 돌아가면 증기기관의 구조를 그림으로 그려보곤 했다.

그로부터 2년 후의 일이다. 기차가 대피 선로 안쪽으로 들어왔다. 산에서 눈덩이가 굴러떨어져 철길까지 내려왔기 때문이었다. 제설 작업이 진행되는 동안 기관사와 화부는 기차를 세워두고 아침을 먹기 위해 자리를 비웠다.

그런데 두 사람이 자리를 비운 사이 기차 엔진 밸브가 오작동으로 시동이 걸리고 말았다. 엔진이 작동하며 피스톤이 움직이자 기차는 대피 선로에서 빠져나와 본선 철로에 들어갔고, 이내 전속력으로 가파른 경사를 내려가기 시작했다.

기차의 제동을 담당하는 직원이 열차 후미에서 뛰어

나와 기차 속도를 줄이려고 휠 브레이크를 힘껏 잡아당겼다. 멀리 언덕 위에서 기관사와 화부가 두 팔을 마구 휘저었다. 직원은 두 사람을 보며 끔찍한 일이 발생했음을 직감했다. "기관사와 화부가 둘 다 차량에 없어요! 우리 모두 죽게 생겼어요!"

놀라서 혼절한 승객들이 있는가 하면 비명을 지르는 승객들도 있었다. 승객들이 울부짖는 소리는 두 번째 객차를 넘어 화물칸까지 퍼졌다.

일이 벌어졌을 때 우유 배달부도 그곳에 있었다. 그는 측면에 열린 문으로 뛰어오르려고 달려갔다. 이는 위험천만한 일이었다. 다행히 수화물 담당 직원의 도움으로 기차 바로 뒤에 있는 화물칸에 기어오를 수 있었다.

이어서 기관사 자리로 간 우유 배달부는 자욱한 연기 속에서 손끝의 느낌만으로 레버를 찾아 힘껏 밀었다. 그러자 엔진에 역회전이 걸렸다. 실린더 헤드가 망가지지 않은 것이 기적이었다.

날카로운 소리와 함께 바퀴가 철로 위에서 멈추며 불꽃이 튀었다. 하지만 관성에 의해 기차는 그대로 눈을 뚫고 앞으로 나아갔고, 차량은 눈덩이와 부딪히며 충격을 흡수

했다. 유리창이 죄다 깨질 만큼 차량이 흔들렸다.

기차가 겨우 멈추고 나서야 승객들은 밖으로 나와 누가 차량을 세웠는지 확인했다. 젊은이 한 명이 자신들의 목숨을 구했음을 알고, 사람들은 눈물을 흘리며 고마움을 표시했다.

당시 기차에는 여든 살이 다 된 철도회사 주주도 타고 있었다. 그날 저녁 그는 주주 총회에 참석해 구사일생으로 사고 차량에서 빠져나온 이야기를 전했다. 그 후로 이 우유 배달부는 철도회사 주식을 가장 많이 소유한 부자 가운데 한 명이 되었다.

같은 시간 같은 기차역에 있었지만, 플랫폼 끝에 앉아 다리를 흔들던 우유 배달부에게는 무슨 일이 일어났을까? 그들은 어떤 사람이 되었을까?

앨러게니산맥에서 불어오는 바람에 물어보자. 다른 우유 배달부들은 어디에 있는지. 바람이 대답할 것이다. "그 사람들은 지금도 기차역에서 우유를 배달하고 있지요."

세상의 이치가 그렇다.

"어느 분야든 간에 성공을 좌우하는 것은
주변에서 일어나는 일을 관찰하고,
견문을 넓히며 매일 스스로 배움을 쌓는 능력이다."

III. 다이아몬드 광산

일상에서 포착하는 기회

오래전에 나는 영국인 여행객들과 일행이 되어 티그리스와 유프라테스강을 따라 여행한 적이 있다. 바그다드에서 고용한 나이 지긋한 아랍인 가이드와 함께였는데 업무를 대하는 그의 태도를 보면 말 많은 이발사가 연상되곤 했다.

가이드는 강줄기를 따라 길을 안내하며 고대와 현대를 넘나드는 흥미롭고도 이상한 이야기들로 우리를 즐겁게 했다. 그때 들었던 이야기들을 지금은 많이 잊어버렸지만, 다행히 잊히지 않는 이야기가 하나 있다.

나이 지긋한 가이드는 내 낙타의 고삐를 붙잡아 끌고 고대의 강줄기를 따라 이동하며 내가 지겨워서 더는 그의 말에 귀를 기울이지 않을 때까지 이야기를 쉬지 않았다.

내가 이야기를 듣지 않을 때면 가이드는 살짝 심술을 부렸지만, 그에게 내가 짜증 낸 적은 없었다. 터키 전통 모자를 쓰고 다니던 가이드는 자기 모자를 벗어서 빙글빙글 돌리며 내 주의를 끌기도 했다.

나는 곁눈질로 가이드를 보면서도 그가 또 다른 이야기를 시작할까 봐 그와 눈을 마주치지 않으려 했다. 그러다 결국 가이드를 쳐다볼 수밖에 없었고, 가이드는 또 다른 이야기를 시작했다.

가이드는 말했다. "내가 특별한 친구를 위해 아껴둔 이야기를 들려주지요."

그는 '특별한 친구'를 힘주어 말했는데, 그때 가이드의 이야기를 들어둔 것은 참 잘한 일이라고 생각한다. 가이드의 말에 따르면, 고대 인더스강에서 멀지 않은 곳에 알리 하페드라는 페르시아 사람이 살았다.

알리 하페드는 매우 큰 농장을 소유했고 과수원과 밭, 정원도 소유했다. 이자를 받고 돈을 빌려줄 정도로 부유해서 자기 삶에 불만이 없었다. 그는 풍족했기에 자기 삶에 만족했고, 자기 삶에 만족했기에 풍족했다.

하루는 이 늙은 페르시아 농부가 동방의 현자로 불리는 불교 스님을 찾아갔다. 그 노승은 화로에 앉아 농부에게 세상이 어떻게 만들어졌는지 이야기했다.

처음 이 세상은 안개가 층층이 싸여있을 뿐이었다. 전능하신 이가 손가락을 안개 속에 집어넣고 천천히 돌리다 차츰 속도를 높이자 마침내 안개구름이 단단한 불덩어리로 변했다.

그 불덩어리는 우주 속을 굴러가기 시작했고, 다른 안개구름들을 태우며 수분을 응축시켰다. 마침내 수분이 빗물이 되어 뜨거운 표면 위로 쏟아져 내리니 외부 온도가 떨어지면서 표면이 단단해졌다. 그리고 내부의 불덩어리가 폭발하여 지금과 같은 아름다운 산과 언덕, 계곡, 평야, 대초원이 생겨났다.

내부의 용암이 터져 나와 순식간에 식으면 화강암이 되고, 그보다 더디게 식으면 구리가 되고, 구리보다 더디게 식으면 은이 되고, 은보다 더디게 식으면 금이 되고, 마지막으로 다이아몬드가 만들어진다.

노승은 이렇게 말했다. “다이아몬드는 햇빛이 응결된 결정체랍니다.”

이는 과학적으로 맞는 말이다. 다이아몬드는 실제로 태양에서 나온 탄소의 퇴적물이다. 노승이 알리 하페드에게 이르기를 만일 그대에게 주먹만 한 다이아몬드가 있으면 마을 전체를 살 수 있고, 다이아몬드 광산이 있으면 거대한 부에서 나오는 힘으로 자식들을 권좌에 올릴 수 있노라고 했다.

알리 하페드는 다이아몬드가 얼마나 값진 물건인지 내내 생각하다 그날 밤 ‘가난한 마음’으로 잠자리에 들었다.

그는 잃은 것이 하나도 없었지만 자기 삶에 만족하지 못했기에 가난했고, 자신이 가난하다는 두려움 때문에 자기 삶에 만족하지 못했다. 그는 밤새 잠을 이루지 못하고 중얼거렸다. “다이아몬드 광산을 갖고 싶어.”

다음날 새벽부터 하페드는 노승을 찾았다. 그는 잠든 노승을 흔들어 깨우며 말했다. “제가 어디에 가면 다이아몬드를 찾을 수 있는지 말씀해주세요.”

“다이아몬드? 다이아몬드로 무얼 하려고 그러오?”

"그야 엄청난 부자가 되고 싶으니까요."

"그렇다면 가서 찾아보시오. 그러면 되오. 다이아몬드를 찾아서 꼭 부자가 되시오."

"하지만 어디로 가야 할지 모르겠어요."

"높은 산 아래 백사장을 끼고 흐르는 강을 발견하면 흰 모래 속에서 다이아몬드를 찾을 수 있을 거요."

"그런 강이 있을 것 같지 않은데요."

"아니오, 그런 강은 많소. 그대가 할 일은 그저 나가서 그것들을 찾아 그대 것으로 만들기만 하면 되오."

알리 하페드가 말했다. "그러겠습니다."

하페드는 농장을 팔아 자금을 마련한 뒤에 자기 가족을 이웃에게 의탁하고는 다이아몬드를 찾아 길을 나섰다.

아프리카에 있다는 '달의 산'부터 탐색을 시작한 것은 내가 볼 때 참으로 적절한 선택이었다. 이후 그는 팔레스타인으로 갔고, 그다음에는 유럽을 돌아다녔다.

그러다 가진 돈이 바닥나 궁핍한 신세가 된 하페드는 누더기를 걸친 채 스페인 바르셀로나에 있는 어느 해변에 섰다. 거대한 파도가 헤라클레스 기둥 사이로 밀려오자 궁핍함에 죽을 듯이 괴로워하던 하페드는 물거품이 부서

지는 바닷물에 뛰어들었고, 다시는 빠져나오지 못했다.

나이 든 가이드는 이 슬픈 이야기를 들려주고 나서 낙타를 잠시 세우고는 뒤로 돌아가 낙타 등에서 흘러내리려는 짐을 고쳐 맸다.

그러는 사이 나는 이 이야기를 곱씹으며 이렇게 혼잣말했던 기억이 난다. 어째서 하필 이 이야기를 '특별한 친구'를 위해 아껴두었을까? 이 이야기에는 발단도 전개도 결말도 따로 없는 것 같았다.

주인공이 1장에서 등장해 죽는 이야기는 내 평생 들어본 적도 읽어본 적도 없는 이야기였다. 이야기가 첫 번째 장밖에 진행되지 않았는데 주인공이 벌써 죽어버렸다. 가이드가 돌아와서 내 낙타의 고삐를 쥐더니 이야기가 끊긴 적이 없었던 듯이 자연스럽게 두 번째 장으로 넘어갔다.

알리 하페드의 농장을 사들인 남자가 하루는 자신의 낙타에게 물을 먹이려고 정원으로 들어왔다. 낙타가 정원의 얕은 개울에서 코를 박고 물을 마실 때 농장의 새 주인은 개울 속의 하얀 모래에서 유난히 반짝이는 빛을 보았다.

그는 개울에 들어가 빛을 받아 영롱하게 무지개색을 반사하는 검은 자갈을 꺼냈다. 그 검은 자갈을 들고 집으로 들어가 중앙 난로 선반 위에 올려놓고는 그 돌에 관해 까맣게 잊고 지냈다.

며칠 후 그 노승이 알리 하페드의 농장을 찾아왔다. 노승은 응접실 문을 여는 순간 선반 위에서 빛나는 물건을 보고 그것을 향해 달려가며 외쳤다. "다이아몬드가 여기 있군! 하페드가 돌아왔소?"

"아뇨. 하페드 씨는 돌아오지 못했습니다. 그리고 이것은 다이아몬드가 아니고, 여기 정원에서 주운 자갈입니다."

노승이 말했다. "다이아몬드가 어떻게 생겼는지는 내가 잘 안다오. 이것은 다이아몬드가 맞소."

두 사람은 오래된 정원으로 달려가서 개울에 가득한 하얀 모래를 손으로 휘저었다. 그러자 처음 주운 것보다 더 아름답고 귀해 보이는 보석들이 나왔다.

그 가이드는 다음과 같이 말했는데 이는 역사적 사실이다. "이렇게 골콘다의 다이아몬드 광산이 발견되었죠. 인류 역사상 가장 아름다운 다이아몬드 광산입니다. 킴벌리 다이아몬드 광산을 뛰어넘었죠. 영국의 코이누르 왕관과 러시아의 오를로프 왕관에 박힌 가장 큰 다이아몬드 모두 그 광산에서 나왔답니다."

나이 든 아랍인 가이드는 이야기의 두 번째 장을 들려줄 때 또다시 터키 전통 모자를 벗어 공중에 빙글 돌리면서 그 이야기에 담긴 교훈을 강조했다. 아랍 출신의 가이드들이 항상 도덕적이지는 않아도 도덕적 교훈이 담긴 이야기는 들려주기 좋아했다.

가이드는 모자를 돌리며 내게 말했다. "알리 하페드가 집을 떠나지 않고 자신이 사는 집 지하실이라든지 밀밭이나 정원 밑을 파보았더라면 그렇게 비참한 처지에 놓여 굶주리다 낯선 땅에서 스스로 목숨을 끊는 일도 없었을 테고, 광활한 다이아몬드 광산도 차지했을 겁니다. 그 오래된 농장 어디든 삽을 대는 곳마다 어김없이 보석이 나왔을 거고 그것들은 왕관을 장식하는 데 쓰였을 테죠."

아랍인 가이드가 이야기에 도덕적 교훈을 덧붙일 때 나는 그가 이 이야기를 '특별한 친구를 위해' 아껴둔 이유를 알았다. 하지만 그 이유를 알 것 같다는 말을 그에게 하지는 않았다.

저 심술궂은 아랍인 가이드는 대놓고 말하지 못하고 변호사처럼 에둘러 말하고 있었다. 티그리스강을 따라 여행하는 웬 젊은이가 있는데 내가 보기에는 미국 집에 머무는 게 더 나았을 것이라고 말이다. 당시 나는 그의 의도를 알아냈다고 가이드에게 말하는 대신 나도 떠오르는 게 있어 그 이야기를 재빨리 들려주었다. 여러분에게도 그 이야기를 하고자 한다.

나는 가이드에게 아주 오래전 캘리포니아에서 목장을 소유하고 있던 한 남자의 이야기를 시작했다. 그 남자는 캘리포니아 남부에서 황금이 발견되었다는 말을 듣고 황금을 찾으려는 열망에 들떠 서터 대령에게 목장을 팔아넘기고 떠났으나 다시는 돌아오지 못했다.

서터 대령은 목장을 가로지르는 개울가에 제분소를 지었다. 어느 날 그의 딸아이가 집으로 돌아오는 길에 젖은 모래를 가져와 난로 앞에서 모래를 움켜쥐고 뭔가를 추려냈다. 때마침 거기 있던 손님이 아이의 손가락 사이로 흘러내린 모래 속에서 반짝이는 물체를 목격했다.

그것은 캘리포니아에서 발견되었다고 소문으로만 듣던 1등급 황금이었다. 예전 목장 주인은 황금을 찾겠다고 목장을 팔았지만, 그 목장을 그대로 갖고 있기만 했어도 황금을 차지할 수 있었다는 뜻이다. 실제로 그 사건 이후 그리 넓지도 않은 대지에서 3천8백만 달러어치의 황금이 나왔다.

8년 전쯤에 그 목장 위에 세워진 도시를 방문해 강연할 때 이 이야기를 하자 주민들이 내게 말하길, 그 목장의 3분의 1을 소유한 주인 한 명은 오랜 세월에 걸쳐 잠을 잘 때도 깨어있을 때도 15분마다 세금도 붙지 않는 120달러어치의 금을 벌었다고 했다. 세금도 붙지 않는 시절이었으니 그런 돈벌이라면 모두가 즐겼을 법하다.

미국 펜실베이니아에서 일어난 사건은 위의 사례보다 훨씬 더 강렬하게 다가온다. 나는 펜실베이니아에 정착한 독일 이주민들 앞에서 강연할 때면 특히 그들에게 질문하는 것을 즐긴다.

펜실베이니아에 어떤 남자가 살았다. 그는 여러분이 익히 보는 펜실베이니아 사람과 마찬가지로 땅을 가진 농부였다. 나 역시 펜실베이니아에 농장이 있었다면 그랬겠지만, 그도 농장을 팔았다.

하지만 농장을 팔기 전에 사촌 밑에서 석유를 채취하는 일자리를 먼저 확보하기로 했다. 그의 사촌은 북아메리카 대륙 최초로 기름을 발견한 캐나다에서 유전 사업을 하고 있었다. 그들은 초창기에 개울에서 석유를 채굴했다.

이 펜실베이니아 농부는 사촌에게 일자리를 부탁하는 편지를 썼다. 보다시피 이 농부는 그리 어리석지 않았다. 확실히 바보는 아니었다. 그는 일거리를 찾기 전까지 농장을 떠나지 않았다.

하늘 아래 얼간이가 많다지만, 다른 일자리를 알아보지도 않고 다니던 일자리를 그만두는 사람보다 더 한심한 사람은 없다. 그런 행동은 나처럼 종교에 귀의한 사람이나 할 일이지 새로 출발하려는 남자가 취할 행동은 아니었다.

그가 사촌에게 보낸 편지에 사촌은 이렇게 회신했다.

"유전 사업에 관해 아무것도 모르기 때문에 채용할 수가 없습니다."

그러자 나이 든 농부는 "그거야 배우면 되지!"라고 다짐하고는 누구도 부인할 수 없는 열정으로 관련 지식을 모조리 공부하기 시작했다. 농부는 석유의 기원을 찾아 천지창조 둘째 날까지 거슬러 올라갔고, 각종 다양한 식물이 육지와 물속을 뒤덮어 그 식물들이 차차 석탄층을 이루는 과정을 공부했다. 그리고 어떻게 이 두꺼운 석탄층에서 채굴 가치가 있는 원유가 생겨나 물줄기처럼 솟아나는지 알게 되었다. 나아가 원유가 어떻게 생겼고 어떤 냄새가 나고 맛이 어떤지, 그리고 어떻게 정제하는지도 공부했다.

그는 사촌에게 다시 편지를 보냈다. "이제 유전 사업이 어떤 것인지 안다네."

그의 사촌이 답했다. "좋습니다. 이쪽으로 오세요."

농부는 농장을 팔아치웠다. 관련 당국의 기록에 따르면 판매 가격이 8,330달러였다(센트 단위를 생략한 가격이 아니라 더도 덜도 아닌 딱 저 금액이다).

그가 농장을 떠나자 새 농장 주인은 소 떼가 물을 마실 곳을 정비하려고 나섰다. 외양간 뒤쪽 개울가에 가보니 전 주인이 오래전부터 널빤지를 세워둔 것이 보였다.

흉측한 거품 찌꺼기가 떠다니는 물을 피해 소들이 수면 밑으로 깊숙이 입을 대지 않도록 널빤지가 살짝 물속에 잠기도록 설치했다. 수면에 떠다니는 거품이 농장 쪽에서 멀어지도록 유도했다. 거품을 멀리 밀어내면 소들이 편하게 물을 마실 수 있었다.

그러니까 캐나다로 떠나버린 전 주인은 자기 땅에서 흘러나오는 석유를 무려 23년간이나 멀리 밀어냈던 셈이다.

이로부터 10년 후에 펜실베이니아주 소속 지질학자가 발표한 바에 따르면 전 주인이 흘려보낸 석유의 가치가 당시에도 무려 수억 달러에 달했다. 그리고 4년 전 발표에서는 이 농장에서 발견된 석유로 주 정부가 누릴 이익이 수십억 달러에 달한다고 말했다.

현재 타이터스빌이 들어선 지역과 플레전트빌 계곡을 소유했던 그 농장 주인은 천지창조 둘째 날부터 오늘에 이르기까지의 석유 역사를 공부했다. 그는 석유에 관해 샅샅이 알 때까지 공부했음에도 그 땅을 단돈 8,330달러에 팔아치웠으니 "이럴 수가!"라는 감탄사가 절로 나온다.

매사추세츠에서도 비슷한 사례를 발견했다. 내가 이곳 출생이라 이 사례를 소개하려니 안타깝다. 매사추세츠의 이 젊은이는 내가 전달하려는 주제를 잘 예시해준다.

이 청년은 예일대학에 가서 광산업을 공부했고, 엔지니어만큼이나 실력이 뛰어나서 대학은 그를 채용해 학업이 뒤떨어지는 후배들을 가르치도록 했다.

졸업반에 다니는 동안 이 청년은 후배들을 가르치는 대가로 일주일에 100달러의 용돈을 벌었다.

그가 졸업하자 학교는 주급을 100달러에서 500달러로 인상하기로 하고 그에게 교수직을 제안했다. 학교 측이 이렇게 제안하자 청년은 바로 고향에 있는 어머니에게 돌아가 이렇게 말했다. "어머니, 저는 주급 500달러를 받고 일할 마음은 없어요. 나 같은 인재를 주급 500달러에 잡을 수 있다고 생각하다니요! 어머니, 우리 캘리포니아로 가서 금광이나 은광을 찾아 엄청난 부자가 되어 보자고요."

어머니가 말했다. "찰리야, 부자가 되는 것도 좋지만 행복하게 지내는 것도 좋단다."

찰리가 말했다. "그렇죠, 하지만 부자이면서 행복한 게 더 좋죠."

둘 다 맞는 말이다. 찰리는 홀어머니 밑에서 외아들로 자랐기 때문에 무슨 일이든 자기 뜻대로 결정했고, 어머니도 그 뜻을 따랐다.

모자는 매사추세츠 땅을 팔아치우고, 캘리포니아로 가는 대신 위스콘신으로 갔다. 그리고 구리광산 회사에 취직했다. 고용 계약서에는 그가 회사를 위해 광산을 발견해야 한다는 단서 조항이 붙어 있었다. 그 뒤로 나는 찰리가 어떤 사람이 되었는지 모르고, 그가 광산을 하나라도 발견했는지 어땠는지 모른다. 하지만 그는 결코 광산을 찾지 못했으리라.

다만 찰리가 떠난 매사추세츠에서 어떤 일이 있었는지는 확실히 안다. 찰리가 오래된 농장을 처분하고 떠나자 새 주인이 들어와서 감자를 캐러 나갔다. 농장을 샀을 때 이미 한창 감자가 자라고 있었다. 이 나이 든 농부가 바구니 가득 감자를 캐 가지고 나오는데 돌담 입구가 협소해서 바구니가 끼였다.

매사추세츠에서 농장은 대부분 울타리가 돌담으로 되어있다. 돌담을 쌓아야 할 공간이 상당히 넓어서 출입구에 들어갈 비용을 한 푼이라도 아낄 수밖에 없었다.

출입구에 바구니가 꽉 끼는 바람에 통과하기가 힘들었지만, 농부는 바구니를 땅바닥에 내려놓고 바구니 한쪽을 바싹 잡아당겨 폭을 좁힌 다음 땅에 질질 끌며 빠져나가려고 했다. 이때 출입구 바로 옆에 있는 돌담 상단에 가로세로 20센티가량의 은광석이 눈에 들어왔다.

광산업과 광물학을 전공한 전 주인은 광물에 관해 너

무나 박식해서 주급 500달러로는 성에 차지 않아 매사추세츠의 이 농장을 팔아치웠는데, 실상은 저 은덩이를 깔고 앉은 채 협상을 한 것이었다. 찰리는 이 농장에서 태어나고 여기서 자랐으니 입구를 지나칠 때마다 그의 소매가 그 돌덩이를 스쳤을 테다.

마침내 그 돌덩이가 본연의 모습을 드러내고 "여기 백만 달러가 놓여 있으니 그냥 주워 담기만 해요!"라고 말하고 있지만, 찰리는 그 은을 차지하지 못할 것이다.

은덩이는 내내 매사추세츠 뉴베리포트의 집에 있었음에도 찰리가 볼 때 은덩이는 자기 땅에 없었다. 은덩이는 멀리 있었다. 나는 그곳이 어디인지 모른다. 찰리도 몰랐다. 정작 후배들에게 광물학을 가르쳤던 찰리는 은광이 어딘가에는 틀림없이 있으리라고 믿었다.

그 같은 실수는 비일비재하므로 우리도 딱히 이 청년을 비웃을 이유가 없다. 그가 어떤 사람이 되었을지 궁금해질 때가 많다. 내가 정확히 알 도리는 없어도 짐작하는 바는 있다. 오늘 저녁 그는 그를 찾아온 친구들과 함께 난롯가에 앉아 잡담을 나눌 것이다. 그는 친구들과 아마 이런 대화를 나누고 있을 테다.

"자네들은 필라델피아에 사는 콘웰이라는 사람을 아는가?"

"알지, 그 사람에 대해 들은 적이 있지."

"자네들은 필라델피아에 사는 존스라는 사람을 아는가?"

"알지, 그 사람에 대해서도 들은 적이 있지."

그러고는 자지러지듯 웃음을 터뜨리며 친구들에게 이렇게 말할 것이다. "그 사람들이 나하고 똑같은 실수를 범했다더군."

이것은 웃자고 하는 농담이 아니다. 왜냐면 나도 여러분도 그가 한 것과 똑같은 실수를 범했기 때문이다. 우리가 여기 앉아 그를 비웃는 동안 그 역시 우리를 비웃을 자격이 있다. 내가 똑같은 실수를 저질렀다는 사실을 나도 안다. 물론 그 사실을 안다고 해서 달라지는 것은 없다. 말한 대로 실천하며 사는 일은 그만큼 어렵기 때문이다.

나는 여러분을 보면서 지난 50년 동안 늘 보았던 대로 똑같은 실수를 반복하는 사람들을 다시 만난다. 나는 나이 어린 청년들이 강연장에 찾아오기를 바랄 때가 많다.

강연장을 초등학교 학생들과 중고등학교 학생들이 가

득 채워서 내가 그들과 대화할 수 있기를 바랄 때가 많다.

내가 어린 청소년들을 더 많이 만나고자 하는 이유는 아직 우리만큼 나이를 먹지 않아서 선입견이 적은 편이고, 고치기 힘들 정도로 나쁜 습관이 몸에 배어 있지도 않고, 우리만큼 많이 실패하지도 않았기에 강의를 대부분 수용하기 때문이다.

성인보다는 청소년들이 내 강의에서 얻는 게 더 많겠지만, 어쨌든 내게 주어진 여건에서 최선을 다하려고 한다.

내가 현재를 살아가는 여러분에게 이미 '다이아몬드 광산'을 소유하고 있다고 말한다면 여러분은 이렇게 반문할 것이다. "이곳에 다이아몬드 광산이 있다고 생각한다면, 당신은 이 도시에 관해 잘 모르는 것이다."

얼마 전 노스캐롤라이나에서 다이아몬드를 발견한 청년에 관한 기사를 무척 흥미롭게 보았다. 그 다이아몬드는 여태껏 발견된 것 중에서도 최상급 순도를 자랑했다. 이전에도 근방에서 다이아몬드를 발견한 사람이 몇 명 더 있었다.

나는 광물학에 조예가 깊은 교수를 찾아가 그 다이아몬드들이 어디서 나왔을지 물었다. 교수는 미 대륙의 지질학 지도를 펼쳐 놓고 형성 과정을 추적했다. 그만한 다이아몬드라면 석탄층을 거쳤을 것이며, 이 석탄층은 오하이오와 미시시피주를 따라 서쪽으로 길게 뻗어 있거나 아니면 버지니아주를 지나 대서양 연안을 따라 동쪽으로 이어졌을 가능성이 크다고 말했다.

이전부터 다이아몬드가 발견되어 팔린 만큼 노스캐롤라이나 지역에 다이아몬드가 매장되어 있다는 것은 명백한 사실이다. 지구의 대륙판이 이동하던 시기에 일부 북부 지역에 묻힌 다이아몬드는 노스캐롤라이나 지역으로 이동했을 것이다.

그렇다면 필라델피아 땅을 모조리 파본 사람이 아니고서야 누가 이곳 지하에서 다이아몬드 광맥을 찾을 수 없으리라고 장담할 수 있겠는가?

지금까지의 사례는 내 생각을 설명하기 위해 든 예시에 불과하다. 여러분이 정말로 다이아몬드 광산을 소유하고 있지 않더라도 여러분은 모두 자신에게 도움이 될 만한 것들을 많이 가지고 있다는 점을 강조하고 싶다.

여러분은 부자가 되어야 한다. 부자가 되는 것은 여러분의 의무이다. 강연을 다니면 내게 이렇게 말하는 이들이 얼마나 많은지 모른다.

"기독교 목사로서 당신은 젊은이들에게 돈을 벌어 부자가 되라고 조언하기 위해 설교를 합니까?"

"맞습니다. 저는 그런 일을 합니다."

그들이 말한다. "너무한 거 아닌가요? 어째서 복음을 전하지 않고 돈 버는 일에 관해 설교하시죠?"

"정직하게 돈을 버는 것이 복음을 전파하는 일이니까요."

그것이 이유다. 부자가 된 사람들을 보면 알겠지만, 우리 사회에서 가장 정직한 사람일지도 모른다. 젊은이 중에는 이렇게 말할 사람도 있을 법하다. "아니, 돈 많은 사람은 정직하지 못하고 부도덕하고 인색한 사람이라는 말은 들었어도 그런 말은 처음 듣습니다."

그런 편견을 지닌 것이 여러분이 여태 가난한 이유다.

여러분이 믿고 있는 이 통념은 전혀 근거가 없으며 거짓이다. 내가 여기서 길게 다룰 주제가 아니므로 간단하게 짚고 넘어가자면, 미국의 부자들 100명 중 98명이 정직한 사람들이다.

남들이 그들에게 돈을 맡기는 것은 그들이 정직하기 때문이다. 그들이 거대한 기업을 운영하고, 많은 이들이 그들과 함께 일하는 이유도 그들이 정직하기 때문이다.

이렇게 반문하는 젊은이도 있을 것이다. "수백만 달러를 부정직한 방법으로 번 사람들 이야기를 자주 들었는데요!"

물론 그런 이야기를 자주 들었을 것이다. 나도 마찬가지다. 사실 그런 사람들은 매우 드물지만, 신문에서 항상 그런 사람들을 기삿거리로 삼기 때문에 다른 부자들도 부정직하게 부자가 되었으리라는 편견을 갖게 된 것이다.

차가 있거든 나를 태우고 필라델피아 근교에 가서 이 훌륭한 도시 교외에 자기 집을 소유한 사람들에게 나를 소개해 달라. 정원에 꽃이 만발한 아름다운 주택, 그림처럼 멋진 주택을 소유한 사람들에게 나를 소개해주면 내가 여러분에게 사업뿐 아니라 인격에서도 최고인 사람들을 소개해 드리겠다.

이 말이 빈말이 아님을 여러분은 알 것이다. 사람은 자기 집을 소유해야 어른다운 어른이 된다. 자기 집을 소유한 사람들을 보면 집을 소유함으로써 명예를 얻고, 정직하며 거짓 없는 사람이 되고, 더 검소하고 신중한 사람이 된다.

사람이 돈을 소유하는 것, 그것도 아주 많은 돈을 소유하는 것은 기독교 가르침에 모순되지 않는다. 알다시피 우리 목사들은 탐욕을 멀리하라고 설교한다. 연단에서 목사들은 '부정한 돈'이라는 용어까지 사용하며 오랫동안 돈에 관해 극히 부정적인 설교를 해왔다.

이에 기독교인들은 돈을 소유하는 것을 죄악시하기에 이르렀다. 하지만 목사들은 정작 헌금 바구니가 돌 때는 돈을 더 많이 내지 않는다며 신도들을 욕하다시피 한다.

이런 행동이야말로 기독교 가르침에 모순되지 않은가!

"돈은 힘이고,
우리는 돈을 소유하려는 야망을 품어야 한다.
돈이 없을 때보다 돈이 있을 때
선행을 더 많이 할 수 있기에
부자가 되려는 욕심을 내야 한다."

우리가 읽는 성경은 돈으로 인쇄했고, 우리가 다니는

교회 건물도 돈으로 세웠다. 선교사들을 돈으로 파견했고, 설교자에게 사례할 때도 돈이 필요하다. 만약 그들에게 돈을 지급하지 않으면 설교자를 자주 만날 기회도 없을 것이다.

나는 우리 교회가 내 급여를 인상해주기를 늘 바라고 있다. 급여를 많이 지급하는 교회일수록 급여를 쉽게 인상하기 때문이다. 여기에 맞지 않는 예외는 본 적이 없다.

임금을 많이 받는 사람일수록 자신이 얻은 힘으로 많은 선을 베풀 수 있다. 물론 자신에게 주어진 힘을 합당한 곳에 사용할 만큼 올바른 사람이라야 가능한 일이다.

그러니 나는 여러분에게 부자가 되어야 한다고 말하는 것이다. 정직한 방법으로 부를 얻을 수 있다면, 그렇게 하는 것이 신성한 의무다. 정직한 삶을 살기 위해 궁핍하게 살아야 한다고 생각한다면 이는 극히 잘못된 생각이다.

이렇게 말하는 이들도 있을 것이다. "가난한 사람들을 동정하지 않으시나요?" 물론 나는 그들을 동정한다. 그렇지 않다면 오랜 세월 동안 강연을 하지도 않았을 것이다. 내가 가난한 사람들을 동정한다는 점에는 거짓이 없다.

하지만 가난한 사람 가운데 동정받아 마땅한 사람은

극히 소수다. 자기 스스로 돌볼 능력이 없는 사람은 마땅히 동정할 일이지만, 이 세상에 우리가 마땅히 동정해야 할 사람들은 없다. 다들 자기 자신이나 다른 누군가의 흠결로 가난해진 사람들뿐이다. 가난한 것은 어찌 됐든 그들이 잘못한 것이다. 그러니 이 논쟁은 이렇게 마무리하도록 하자.

그러면 누군가 일어나서 이렇게 말할지도 모른다. "이 세상에 돈보다 더 나은 것이 있다고 생각지 않습니까?"

물론 나도 그렇게 생각하지만, 지금 나는 돈에 관해 이야기하는 중이다. 세상을 떠난 사람들의 무덤가에 서 있으면 돈보다 더 달콤하고 순수한 것들이 이 세상에 있다는 사실을 절감한다. 황금보다 더 고상하고 위대한 것들이 있다는 사실도 안다.

세상에서 가장 위대한 가치는 사랑이지만, 사랑하는 사람에게 돈도 많다면 얼마나 복 있는 일인가. 돈은 권력이자 힘이어서 해악을 끼치기도 하고 유익을 주기도 한다.

선한 사람의 손에 들어간 돈은 선행에 쓰일 수 있고, 실제로 많은 선행에 쓰였다.

돈을 대하는 태도에 관해 더 이야기해보자. 지역 기도 모임에서 어떤 남자가 나와서 자신이 '신의 불쌍한 자녀'인 것에 감사하는 기도를 올렸다고 한다. 그 사람의 아내가 그 기도를 어떻게 생각할지 참으로 궁금하다.

아내는 혼자서 생계를 감당하고 있고, 남편은 베란다에 나와 아내가 번 돈으로 담배나 피운다. 나는 그렇게 살아가는 불쌍한 형제를 더는 보고 싶지 않다. 이 점에서는 우리가 믿는 신의 뜻도 다르지 않다.

독실한 신자가 되기 위해 어려운 환경에서 가난하게 지내야 한다고 생각하는 이들이 아직도 있다. 성경에 그런 교리는 나오지 않는다. 우리가 가난한 자들을 불쌍히 여길지라도 가난한 삶을 지향하는 것을 교리로 가르쳐서는 안 될 일이다.

부를 쌓으라고 권면하는 것을 부정적으로 보는 편견은 한두 해 쌓인 것이 아니다. 그 편견은 이미 오래전부터 일반에 퍼져있었다. 그런 점에서 몇 년 전 신학대학에서 만난 한 신학생의 이야기를 예로 들어도 좋을 듯하다.

이 학생은 신학과에서 독실하게 신앙생활 하는 학생은 오직 자기뿐이라고 생각했다.

어느 날 저녁, 이 젊은이가 사무실로 나를 찾아와 자리에 앉더니 내게 말했다.

"총장님을 직접 만나 뵙고 의논하는 것이 제 의무라고 생각했습니다."

"무슨 일이 있습니까?"

"총장님께서 하신 강연 중에서 젊은이가 부자가 되려는 욕망을 품는 것은 숭고한 야망이라고 말씀하시는 것을 들었습니다. 부자가 되기를 힘쓰는 젊은이는 절제하고 좋은 평판을 얻고자 애쓰고 근면해진다고 말씀하셨죠. 부자가 되고 싶은 야망은 선한 사람이 되는 데 일조한다고도 하셨습니다. 총장님, 저는 '돈이 모든 악의 근원'이라고 성경에 쓰여 있음을 말씀드리려고 왔습니다."

나는 그 학생에게 성경에서 그런 구절을 본 적이 없다고 말한 후 성경을 가져와 그 구절을 보여 달라고 부탁했다. 학생은 곧 성경을 펼쳐 들고 거들먹거렸다. 편견으로 똘똘 뭉친 종파주의자 내지는 그릇된 성경 해석을 붙들고 신앙을 쌓은 청년의 오만한 자만심이 보였다.

그 학생은 책상 위에 성경을 턱 내려놓으며 힘주어 말했다. "여기 있습니다. 총장님이 직접 읽어보세요."

나는 그에게 말했다. "학생. 더 나이가 들면 알겠지만 다른 교파에서 해석한 성경 구절을 무턱대고 신뢰하면 안 됩니다. 지금 학생은 나와는 다른 것을 믿고 있군요. 신학대학에 들어와서 배웠을 테지만, 성경의 특정 구절을 강조하는 것은 누군가의 해석이지 성경에 적힌 구절 자체가 아닙니다. 지금 학생이 성경을 들고 있으니 그 구절을 직접 제대로 읽어보세요."

그는 성경을 집어 들고 당당하게 낭독했다. "돈을 사랑하는 것이 모든 악의 근원이니라."

그때 청년은 그 구절을 올바로 이해했다. 같은 성경을 인용하더라도 정확하게 읽어야 절대적 진리를 알게 된다.

나는 지난 50년 동안 갖은 공격에도 성경이 살아남아 승리하는 과정을 지켜보았고, 성경의 깃발이 자유롭게 휘날리는 것을 목격하기 위해 살아왔다. 지구상의 위대한 지성들은 오래전부터 또 바로 이 시간에도 성경의 모든 말씀이 진리라는 명제를 놓고 언제나 의견이 분분했기 때문이다.

그 학생이 성경의 진리를 올바로 인용했을 때 나는 이렇게 말했다. 너무 빨리 혹은 정직하지 못한 방법으로 돈을 벌려는 사람은 숱한 덫에 빠질 것이다. 여기에는 의심의 여지가 없다. 돈을 사랑하는 것. 그것은 무엇을 일컫는가? 돈을 우상으로 섬기는 것이다. 돈을 숭배하는 행위는 성경에서도 우리 상식으로도 죄악시하는 일이다.

돈을 어디에 사용해야 마땅한지 그 쓰임새를 생각지 않고 돈을 목적으로 섬기는 사람, 돈을 신처럼 떠받드는 사람, 세상에 도움이 될 만한 사업에 투자하기를 거부하고 지하창고라든지 옷장에 돈을 가득 숨겨두는 사람, 영원히 눈을 감을 때까지 돈을 꼭 끌어안고 지내는 사람, 이런 사람들이 '모든 악의 근원'을 품고 사는 자들이다.

이제 돈에 관한 태도 문제는 잠시 접어두고, 강연할 때 들었던 질문에 답하고자 한다.

누군가 이렇게 말했다. "필라델피아에서도 부자가 될 기회가 있습니까?"

그 기회가 어디 있는지 알아보는 것은 어렵지 않다. 그 기회를 포착하는 순간 여러분은 부자가 될 수 있다. 뒤쪽에 있던 나이가 지긋한 신사가 일어나서 이렇게 반문한다.

"콘웰 씨. 당신은 필라델피아에서 31년이나 살았으면서 우리가 이 도시에서 뭐라도 이룰 수 있었던 시절은 과거지사가 되었음을 모르시나요?"

"아뇨. 과거지사라고 생각지 않습니다."

"그런 시절은 이제 다 지났어요. 내가 해봐서 알아요."

"어떤 사업을 하시나요?"

"나는 20년 동안 이곳에서 가게를 하나 운영했는데, 20년간 번 돈이 10만 달러가 안 됩니다."

"그렇다면 이 도시에서 얼마나 벌었는지를 기준으로 당신이 이 도시에 얼마나 유익한 사람인지 측정할 수 있습니다. 왜냐면 사람은 그가 벌어들인 돈으로 자신의 가치를 판단할 수 있기 때문이죠. 말하자면 이 시대에 자신이 세상에 어떤 존재인지 판단할 수 있습니다. 만약 당신이 지난 20년 동안 10만 달러 이상 벌지 못했다면, 필라델피아는 19년하고 9개월 전에 당신을 이 도시에서 쫓아내는 편이 더 유익했을 겁니다. 설령 도시 중심지가 아니라도 필라델피아에서 식료품점을 운영하면서 50만 달러도 벌지 못했다면 이 도시에서 20년 동안이나 가게를 유지할 권리는 없습니다."

수많은 사람을 만날 필요도 없다. 당신이 사는 곳에서

네 블록 안의 사람들만 만나서 그들이 원하는 것이 무엇이고, 당신이 무엇을 공급해야 하는지 살펴본 후 그것들을 받아 적으시라. 그리고 그것들을 공급하면 얼마나 많은 수익을 낼 수 있는지 계산해보시라. 그러면 사업 기회가 보일 것이다.

"부를 쌓을 기회는 우리 주변에 있다."

누군가는 이렇게 반박할 것이다. "당신은 사업에 대해 아무것도 모릅니다. 목사가 사업에 대해 뭘 알겠어요?"

이렇게까지 하고 싶지는 않지만, 내가 장사에 전문가라는 사실을 먼저 입증해야 할 듯싶다. 내 부친은 시골에서 가게를 운영했다. 모든 형태의 상거래를 경험해볼 수 있는 곳이 하늘 아래 있는데 그곳이 바로 시골 가게이다.

내 경험을 자랑하려는 게 아니라 부친은 가게를 비울 때마다 내게 가게를 맡기셨다. 부친에게는 다행스럽게도 그런 경우가 많지는 않았는데 나는 다음과 같은 일을 자주 겪었다.

한 손님이 가게에 들어와 말했다. "잭나이프 있는가?"

"아뇨, 잭나이프는 없어요." 그러고 나서 나는 휘파람을 불며 돌아섰다. 내가 그 손님에 관해 더 해줄 건 없었다.

또 다른 농부가 들어와서 묻는다. "잭나이프 있니?"

"아뇨. 잭나이프는 없어요." 대답하고 나서 나는 그 손님에게 관심을 끊고 휘파람을 불었다.

세 번째 손님이 들어와서 묻는다. "잭나이프 있니?"

"아뇨. 어째서 다들 잭나이프가 있는지 묻죠? 우리 가게가 이 동네에 잭나이프 공급하는 가게인 줄 아세요?"

혹시 여러분은 이런 식으로 가게를 운영하지 않는가?

그때는 내가 신을 섬기는 일과 사업 성공의 원리가 정확히 일치한다는 사실을 배우지 못했을 때였다. '장사하면서 신앙생활을 제대로 할 수가 없어요.'라고 말하는 사람은 자기가 사업이 뭔지도 모르는 얼간이라든지 아니면 가게가 파산 직전이든지 아니면 도둑이라고 광고하는 것이나 마찬가지다. 이런 사람은 몇 년 되지 않아 사업에 실패할 사람이다.

장사하면서 신앙생활을 할 수 없다면 실패할 수밖에 없다. 만약 내가 부친의 가게를 신의 거룩한 뜻과 계획에 따라 운영했더라면, 세 번째 손님이 잭나이프를 찾았을 때 손님에게 잭나이프를 제공했을 것이다. 그랬더라면 손님에게 친절을 베풀 수 있었을 테고, 그 보상으로 돈도 벌었을 것이다. 이렇게 하는 것이 장사하는 사람의 의무다.

신앙심이 지나쳐서 물건을 팔아 이익을 취하는 것을 불경하다고 생각하는 종교인들이 있다. 오히려 손해를 보고 물건을 파는 것이야말로 범죄다. 우리에게는 그렇게 할 권한이 없다. 자기 돈도 관리하지 못하는 사람에게 돈 관리를 맡길 수는 없다. 자기 아내에게 진실하지 못한 사람을 신뢰할 수는 없다. 마음을 다해 자신의 인생을 살지 않는 사람을 신뢰할 수는 없다.

나는 세 번째 손님, 아니 두 번째 손님에게 잭나이프를 제공하고 그 물건을 팔아 이익을 챙겼어야 했다. 그것이 내 의무였다. 물건을 팔 때 정가보다 더 높게 바가지를 씌울 권한도 없지만, 이익을 내지 않고 물건을 팔 권한도 없다. 내가 이익을 취하는 만큼, 내게서 물건을 사는 사람에게도 이익이 돌아갈 만한 물건을 팔아야 한다.

나도 복을 받고 상대도 복을 받는 것이 종교적 복음의 원칙이자 상식적으로도 지지받는 원칙이다. 청년들이여, 내 말을 들어보라. 미래가 아닌 현재의 삶을 살기 바란다.

내 나이가 될 때까지 기다렸다가 인생에서 뭔가를 즐기려고 하지 마시라. 과거에 내가 수백만 달러를 벌었든 그렇지 않든 오늘 밤 이 거룩한 순간에 느끼는 유익함을 그때는 느끼지 못했을 것이다.

나는 오래전부터 연단에서 수많은 사람을 만나며 내가 살면서 배운 것들을 나눠왔다. 그 보상으로 내가 나눈 것보다 1백 배는 더 많은 이익을 얻었다. 자화자찬으로 들릴 테니 이런 식으로 말하면 안 되지만, 나이를 먹을 만큼 먹었으니 괜찮지 않을까 한다.

나는 마땅히 이웃을 도우며 살아야 했고, 또 그런 사람이 되도록 애쓰며 살았다. 사람은 모름지기 이웃을 도와야 하고 거기서 행복을 얻을 수 있어야 한다.

일과를 마치고 다른 사람의 돈을 훔친 기분으로, 상대가 마땅히 가질 몫을 자신이 빼앗은 기분으로 집에 돌아온 사람은 마음 편히 쉬지 못한다. 이런 사람은 아침이면 피곤한 몸으로 일어날 테고, 그다음 날에도 양심에 가책을 느끼며 일터에 나가게 된다.

그런 식으로 설령 수백만 달러를 모은다 한들 그 사람은 결코 성공한 사람이 아니다.

"서로 공평하게 이익을 취하는 사람,
즉 자신의 권리와 이익을 주장하고 챙기되
상대가 받을 권리와 이익도 제공하는 사람이야말로
현재의 삶을 충실하게 살아가는 사람이다."

나아가 이런 삶은 엄청난 부에 이르는 왕도이기도 하다. 수많은 백만장자가 이 사실을 증명한다. 가게를 운영했어도 돈을 전혀 벌지 못했다고 말한 신사는 그릇된 원칙으로 가게를 운영해 온 것이다.

내일 아침에 내가 그분 가게를 찾아가 이렇게 묻는다고 치자. "한 블록 떨어진 1240번지에 사는 A씨를 아세요?"

"알아요. 만난 적 있어요. 여기 모퉁이에서 가게를 운영하죠."

"그분은 어디 출신이죠?"

"몰라요."

"그분은 식구가 몇 명이나 되나요?"

"몰라요."

"그분은 어느 당 지지자입니까?"

"그야 모르죠."

"어느 교회에 다니는지 아세요?"

"몰라요. 관심도 없어요. 도대체 이런 질문을 하시는 이유가 뭐죠?"

만약 당신이 가게를 운영한다 치면 저런 식으로 내게 답하시겠는가? 그렇다면 당신은 내가 어릴 때 부친의 가게를 돌볼 때와 똑같이 장사하는 것이다.

새로 이사 온 이웃이 어디서 왔는지도 모르고 관심도 없는 가게 주인일 뿐이다. 만약 이웃에게 관심을 가졌더라면, 지금쯤 부자가 되었을 것이다. 주변 이웃에게 신경 쓰고 사람들을 주의 깊게 관찰하며 그들에게 무엇이 필요한지 알아냈다면 말이다. 그런데 당신은 '부자가 될 일은 없다.'라고 말하며 세상을 살아가고 있으므로 그 잘못은 여러분에게 있는 것이다.

이번에는 한 청년이 일어나 "저는 장사를 할 수가 없어요."라고 말한다. (내가 지금 하는 얘기는 장사뿐 아니라 모든 직업에 해당한다)

"어째서 장사를 할 수가 없죠?"

"자본금이 한 푼도 없거든요."

미래를 그릴 줄 모르는 이 젊은이는 겉은 번듯해도 허약하기 짝이 없다. '자본금만 많으면 부자가 될 수 있을 텐데.'라고 말하는 이런 젊은이들은 주변 사람들도 나약하게 만든다.

"젊은이, 자본금만 있으면 부자가 되리라 생각합니까?"

"당연하죠."

하지만 나는 "절대 그렇지 않습니다."라고 대답한다.

만약 어머니가 부자여서 자녀에게 사업체를 차려주었다면, 실상은 자녀에게 자본금을 제공해 어머니가 '사업을 시작한 것'이지 자녀가 하는 사업이 아니다.

"남녀 불문하고
자신의 실제 경험으로 얻을 수 있는 돈보다
훨씬 많은 돈을 거저 얻는 순간,
젊은이에게 그 돈은 저주가 된다."

돈을 상속받는 것은 젊은이에게 도움이 되지 않는다. 자녀에게 돈을 물려주는 것은 유익하지 않다. 대신 교육다운 교육을 받게 하는 것, 올바른 정신과 인격을 물려주는 것, 폭넓게 교류할 수 있는 친구를 물려주는 것, 명예로운 이름을 물려주는 편이 훨씬 유익하다. 젊은이들이 돈을 물려받는 것은 그들 개인에게도 불행이지만, 나라에도 불행이다.

청년들이여, 만약 그대가 돈을 물려받았다면 지원을 받았다고 생각지 마시라. 그 돈은 살아가는 내내 저주가 되어 인생에서 누릴 지극한 복을 빼앗아갈 것이다. 부자 부모로부터 자산을 물려받는 미숙한 자녀들만큼 가여운 이들도 없다. 나는 부잣집 자녀를 가엽게 여긴다. 그들은 인생의 행복이 무엇인지 알 수 없다.

가령 남자가 인생에서 맛보는 행복이란 스스로 생계를 책임질 때 느끼는 기쁨이고, 사랑스러운 여자와 연애를 하고 가정을 꾸리기로 했을 때 느끼는 기쁨이다.

동반자를 결정하면 더 나은 삶을 향한 계획을 세우고 돈을 저축하기 시작한다. 나쁜 습관들을 고치고 은행에 돈을 넣는다. 돈을 모으면 집을 알아보러 교외를 둘러본다. 은행을 찾아가 나머지 집값을 대출받을 수 있는지 확인하고 아내 될 사람에게 찾아간다.

그는 신부를 데리고 자신이 장만한 주택의 문턱을 처음

으로 함께 넘을 때 떨리는 목소리로 이렇게 말할 것이다.

"이 집은 내 힘으로 마련한 집입니다. 여기 있는 모든 것을 당신과 나누고 싶습니다." 이 순간이야말로 우리가 살면서 가장 가슴 떨리고 숭고한 순간이 아닐까.

그러나 부잣집 아들은 이런 기쁨을 모른다. 그는 신부를 데리고 으리으리한 주택으로 들어가겠지만, 그 집을 소개하는 내내 이렇게 말해야 할 것이다. "어머니께서 마련해 주셨어요. 그것도 어머니가 주셨고, 이것도 어머니가 물려주셨어요." 아내는 남편이 아니라 시어머니와 결혼한 것이 아닌가 하는 생각이 들 것이다. 이렇게 보면 부잣집 자녀가 참으로 가엽다.

매사추세츠주의 통계를 보면 부잣집 자녀 17명 가운데 1명꼴로 궁핍한 처지에서 죽는다. 나는 부잣집 자녀를 불쌍히 여기지만, 드물긴 해도 코닐리어스 밴더빌트Cornelius Vanderbilt처럼 건전한 사고방식을 지닌 사람은 예외다.

밴더빌트는 부친에게 가서 물었다. "이 돈을 전부 아버지가 직접 버셨나요?"

"그렇단다, 어릴 때 여객선에서 일당 25센트 받고 일하는 것부터 시작했었지."

"그렇다면 아버지 돈은 물려받지 않겠습니다."

그날이 토요일 저녁이었는데 그길로 밴더빌트는 여객선 일자리를 구하려 다녔다. 그는 여객선 일자리 대신 다른 곳에서 낮은 주급을 받고 일하기로 했다. 부잣집에서 태어났어도 이런 자세로 배우면 가난한 소년이 익히는 규율을 몸에 익힐 것이며 이는 대학 교육보다 더 가치가 있다. 이 경우에는 부친의 수백만 달러 재산을 관리할 능력이 생긴다.

그러나 부자들은 자신을 그만큼 키운 일들을 자기 자녀가 그대로 하도록 놔두지 않는다. 돈 많은 아버지는 자기 자식이 고생하며 일하는 것을 허용하지 않는다. 돈 많은 어머니도 마찬가지다! 어째서 어머니들은 하얗고 기다란 손을 가진 귀여운 아들이 정직하게 땀 흘려 생계비 버는 일을 체면 깎이는 일이라 생각하는 것일까! 나는 제 손으로 일해 먹고사는 부잣집 자녀까지 가엽게 여기지는 않는다.

뉴욕에 사는 한 부잣집 아들을 기억한다. 그 이야기에 앞서 대연회장에서 내 가까이에 있던 다른 부잣집 아들을 먼저 소개할까 한다.

내 옆에 앉은 청년이었는데 친절하게도 내게 이렇게 말했다. "콘웰 씨. 이삼 년 동안 편찮으셨다고 들었습니다. 떠나실 때 제 리무진을 타고 가세요. 운전사가 댁까지 모셔다드릴 겁니다."

나는 그에게 깊은 감사를 표했다. 그 사건을 이런 식으로 언급해서는 안 될 테지만, 사실만 열거하겠다. 나는 밖으로 나와 리무진 운전사와 함께 차에 올랐다. 가는 중에 운전사에게 물었다. "이 리무진은 가격이 얼마나 됩니까?"

"15만 달러입니다. 거기에 관세가 붙죠."

"이 차량 소유주가 직접 운전하기도 하나요?"

질문을 듣더니 운전사는 배꼽을 잡고 웃느라 운전도 제대로 하지 못했다. 그 질문이 너무나 황당한 나머지 운전사는 차량을 제어하지 못하고 인도로 차를 몰았다가 모퉁이의 가로등을 돌아서 다시 도로에 진입했다. 도로에 재진입했을 때 운전사는 자동차가 들썩거릴 만큼 크게 웃었다.

운전사가 말했다. "그분이 이 차량을 몬다고요? 목적지에 도착했을 때 문 열고 내리는 법이나 알면 다행이게요."

이제 앞서 말한 뉴욕에 사는 한 부잣집 아들에 관해 이야기하자. 어느 날 강연을 마치고 호텔로 돌아오니 프런트데스크 앞에 뉴욕에서 온 백만장자의 아들이 서 있었다.

그는 모든 인류학 지식을 동원해도 형언하기 어려운 종족이었다. 금술이 달려있는 빵모자를 기울여 쓰고, 모자보다 더 많은 황금으로 장식한 지팡이를 겨드랑이에 끼고 있었다. 그 젊은이를 묘사하기는 쉽지 않은 일이다. 앞이 잘 보이지도 않는 안경을 썼고, 잘 걷지도 못할 것 같은 에나멜가죽 부츠에 잘 앉지도 못할 만큼 꽉 끼는 가죽 바지를 입었다. 마치 베짱이 같았다.

내가 호텔에 들어섰을 때 이 인간 베짱이는 앞이 잘 보이지 않는 안경을 만지작거리며 직원에게 이런 식으로 말했다. "영어 알아듣죠? 선생, 내게 종이와 봉투 좀 주시겠소?"

프런트데스크 직원이 그 사람을 재빨리 살피더니 서랍에서 종이와 봉투를 꺼내 데스크에 올려놓고 그 청년 쪽으로 내밀었다. 그러고 나서 다시 장부를 살피러 돌아갔다.

당신은 그 봉투가 데스크 위를 가로지를 때 청년 얼굴을 직접 보았어야 한다. 칠면조처럼 얼굴이 잔뜩 부은 그 청년은 앞이 보이지도 않는 안경을 다시 고쳐 쓰며 소리를 질렀다. "선생, 이리 다시 오세요! 직원을 불러 저기 탁자 위에 종이와 봉투를 갖다 두라고 하세요!"

오, 이 가련하고 한심하기 짝이 없는 미국 원숭이 같으니! 몇 미터 되지도 않는 거리를 종이와 봉투를 들고 움직일 힘도 없다는 말인가. 자기 팔을 들고 다닐 힘은 있는 걸까. 인간미라고는 볼 수 없는 그런 사람에게는 전혀 연민을 느끼지 않는다. 만약 이 글을 읽고 있는 젊은이들에게 자본이 없다면 나는 기뻐할 것이다. 여러분에게 필요한 것은 상식이지 돈이 아니다.

아무래도 잘 알려진 실화를 예로 드는 것이 제일 좋을 듯하다. 뉴욕의 가난뱅이 소년 알렉산더 스튜어트A. T. Stewart는 인생을 시작할 때 수중에 단돈 1달러 50센트뿐이었다. 그는 첫 사업으로 87.5센트를 잃었다. 무모하게 시도한 첫 사업으로 돈을 잃다니 청년에게는 참으로 다행한 일이었다.

청년은 다짐했다. “두 번 다시는 무모하게 장사하지 않을 거야.” 이후로 그는 절대 무모하게 장사에 뛰어들지 않았다. 처음에 그는 어쩌다가 87.5센트를 잃었는가?

스튜어트가 바늘과 실, 단추를 사서 그것이 필요치도 않은 손님에게 팔려고 했기 때문이다. 사람들은 다들 그 물건을 청년에게 되돌려주고 떠났고, 스튜어트는 고스란히 손해를 봤다.

그런 후에 스튜어트는 먼저 집마다 방문해 사람들에게 무엇이 필요한지 물었다. 사람들에게 필요한 물건이 무엇인지 알아낸 후에 그 수요를 공급하는 데 62.5센트를 투자했다.

여러분이 선택한 곳이 어디든 꼼꼼히 살펴보시라. 사업이든 직업이든 가사노동이든 어느 분야에서든 사람들이 무엇을 원하는지 잘 살피는 것이 성공 비결의 하나다. 수요를 먼저 파악해야 한다. 먼저 사람들에게 필요한 것을 알아내고, 자신을 가장 필요로 하는 일에 투자해야 한다.

스튜어트는 이 원칙에 따라 일하며 부를 쌓았고, 이후 존 워너메이커Mr. Wanamaker가 뉴욕에 세운 바로 그 백화점을 인수해 자산이 4억 달러에 달하는 부호가 되었다.

스튜어트가 부를 쌓게 된 것은 첫 사업에서 실패하고, 그 덕분에 사람들이 필요로 하는 것에만 자신의 돈과 열정을 투자해야 한다는 귀한 깨달음을 얻었기 때문이다.

제조업자든 상인이든 성공하려면 시대에 따라 변하는 사람들의 필요를 파악해야 한다. 이 원칙은 모두에게 적용되는 성공 원칙이다.

내가 들은 이야기 중에 가장 인상 깊은 사례는 존 제이콥 애스터John Jacob Astor의 성공담이다. 애스터는 뉴욕에 살면서 부를 일구고 명문가로 자리를 잡았다. 그는 바다를 건너 미국에 올 때 뱃삯도 없어 밀항한 사람이었다. 수중에 한 푼도 없던 가난뱅이 소년은 한 가지 원칙에 따라 부를 쌓고 백만장자 가문을 일구었다.

어떤 독자는 이렇게 말할지도 모른다. "그 사람이 뉴욕에서 그런 부를 축적할 수 있었는지 몰라도, 여기 필라델피아에서는 성공하지 못했을 겁니다!"

여러분은 리스Riis(이제는 고인이 되었지만, 그가 기록한 미국의 과거사를 읽는 것은 우리에게 참으로 달콤한 일이다)가 쓴 책을 읽어보았는가?

거기에는 뉴욕에서 집계한 억만장자 107명에 관한 기록을 통계적으로 분석한 내용이 있다. 그 책을 읽어보면 107명의 억만장자 가운데 뉴욕에서 재산을 모은 사람은 7명밖에 되지 않는다. 당시에 부동산으로 1천만 달러의 재산을 일군 107명 가운데 67명은 인구가 3만 명도 안 되는 소도시에서 그 많은 재산을 모았다.

어느 집안에서 태어났든 어느 지역에서 살든 그것은 별로 중요하지 않다. 여러분이 필라델피아에서 부자가 되지 못한다면, 뉴욕에 살아도 부자가 되지 못할 게 틀림없다.

존 제이콥 애스터는 어느 지역에서든 성공할 수 있음을 보여준다. 한번은 여성용 모자 가게에 돈을 융자해준 적이 있었다. 하지만 보닛 모자 매출이 신통치 못해 대출 이자를 제때 갚지 못했다. 결국 애스터가 담보권을 행사해 그 가게를 소유하게 되었다.

애스터는 가게를 넘겨받고 이전에 가게를 운영하던 사람들과 동업자 관계를 맺었다. 소유주만 바뀌고 똑같은 자본으로 똑같은 가게에서 모자를 팔았다. 다만 애스터는 판매직 동업자들에게 1달러도 주지 않았다. 그들이 돈을 벌려면 모자를 팔아야만 했다.

애스터는 동업자들에게 가게를 맡긴 후 예전처럼 장사하도록 두고 자신은 공원을 거닐며 시간을 보냈다. 애스터는 이미 사업에 실패한 사람들과 동업을 하고 공원에서 무엇을 했을까? 그는 동업자로서 가장 중요한 역할(내 생각에는 가장 즐거운 역할)을 했다.

애스터는 공원 의자에 앉아 지나가는 여자들을 주시했다. 애스터가 여자들의 모자를 관찰할 때 모자 장사로 부자가 되지 못한 사람들은 어디에 있었을까?

어깨를 펴고 머리를 꼿꼿이 세운 채 온 세상 사람이 자신을 쳐다보더라도 전혀 관심 없다는 듯이 당당하게 걸어가는 여성이 있으면 애스터는 그녀가 쓴 보닛을 관찰했다.

그 모자가 시야에서 벗어날 즈음에는 그 모자의 틀이 어떤 형태인지, 테두리 장식이 무슨 색인지, 깃털 잔주름이 어떠한지까지 애스터는 세세히 기억했다. 여자들이 쓰고 다니는 보닛을 묘사할 수 있는 남자가 얼마나 될까?

요즘 보닛은 모자 뒤쪽이나 측면에 온갖 종류의 유목으로 장식되어 있고, 모양새가 마치 꼬리 깃털만 남은 수탉처럼 생겼다. 하지만 애스터가 살던 시절만 해도 여성용 모자 사업에는 예술성이 다분했다.

관찰이 끝나면 애스터는 가게로 돌아가서 동업자들에게 이렇게 지시했다. "이제 진열대에는 내가 묘사한 것과 같은 종류의 보닛만 진열해두세요. 그런 보닛 모자를 좋아하는 여성을 보고 오는 길입니다. 내가 다시 돌아올 때까지 다른 모자는 제작하지 마세요."

시간이 얼마간 흐르면 다시 공원 의자에 앉아 여성이 지나갈 때 또 다른 형태와 재질, 색상 및 특징을 지닌 보닛을 관찰한다. 그리고 가게로 돌아와 이렇게 말한다. "이제 이렇게 생긴 보닛을 진열대에 올리세요." 애스터는 사람들이 쳐다보지도 않는 그렇고 그런 온갖 모자들로 가게 진열대를 채우지 않았다.

그리고 가게 뒤쪽 계단에 앉아 물건을 사러 워너메이커 백화점으로 가는 사람들에게 큰 소리로 가게를 소개했다. 그의 가게에는 백화점 진열대에 있는 모자나 보닛은 없었지만, 유행을 선도하는 여성들이 좋아할 만한 보닛은 충분했다.

머지않아 주문 제작이 밀려들기 시작했고, 여성 모자 가게로서는 뉴욕에서 가장 큰 규모로 성장했다. 이 가게는 유명한 모자 가게 셋 가운데 하나로 지금도 존재한다.

이 가게에서 처음 장사하던 이들은 사업에 실패했으나 애스터가 들어와 막대한 부를 벌어들였다. 그 까닭은 가게 직원들에게 급료를 한 푼도 주지 않아서가 아니라 여성들이 좋아하는 모자를 정확히 파악했기 때문이었다.

손님이 찾지도 않는 모자를 제작하느라 재료를 낭비할 필요도 없었다. 단언컨대 만약 남자가 여성용 모자 사업의 유행을 예측할 수 있다면, 그 사람은 하늘 아래 어떤 것이든 예측할 수 있다!

만약 여러분께 내가 이 위대한 제조업 도시에서 물건을 만들어 성공할 기회가 없다고 생각하는지 한 사람씩 돌아가며 묻는다 치자. 그러면 어떤 젊은이는 이렇게 답할 것이다. "제조업으로 돈 벌 수 있지요. 하지만 어느 정도 신용이 쌓인 상태라야 하고, 2~3백만 달러의 초기 자본을 갖춰야 합니다."

나는 그 젊은이에게 이렇게 말하고 싶다. 역사를 돌아보면 그런 식으로 돈을 빌려 '큰 사업'에 착수한 탓에 되레 무너져버린 사례가 많고, 이는 오히려 작은 꿈을 갖고 사업을 시작하는 이들에게 기회가 있음을 예시할 뿐이라고 말이다.

세계 역사를 돌아볼 때 지금처럼 자본 없이 제조업으로 빠르게 부자가 될 수 있는 시대는 없었다.

하지만 어떤 사람은 이렇게 말할 것이다. "그런 식으로는 사업을 못 해요. 자본 없이는 시작할 수 없다고요."

젊은이들을 위해 잠시 예를 들어 설명하겠다. 이것은 분명하게 짚고 넘어가야 한다. 젊은 남녀에게 이것을 설명하는 것은 내 의무다. 왜냐면 사람들은 모두 자본만 믿고 빠르게 사업에 뛰어들기 때문이다. 사람들이 무엇을 원하는지 알아내는 것이 그 어떤 자본으로도 얻을 수 없는 부에 이르는 비결임을 기억하자.

매사추세츠주 힝햄에 사는 한 가난한 사내는 실직 후 아내가 밖에 나가서 일 좀 하라고 잔소리하기 전까지 집에서 빈둥거리고 지냈다. 그는 매사추세츠에 사는 남자답게 아내 말을 듣고 순순히 밖으로 나왔다. 남자는 해변에서 젖은 나무를 다듬고 깎아 나무 팔찌를 만들었다.

그날 저녁에 그의 아이들은 그 팔찌를 두고 서로 갖겠다고 다퉜다. 그는 가정의 평화를 지키기 위해 두 번째 팔찌를 다듬었다.

그가 두 번째 팔찌를 다듬고 있으니 이웃이 다가와서 말했다. "어째서 나무로 장난감을 만들어 팔지 않소? 그러면 돈을 벌 수도 있을 텐데 말이오."

"글쎄요, 뭘 만들어야 할지 모르겠는데요?"

"여기 당신 아이들한테 물어보면 되지 않겠소?"

"그렇다고 뾰족한 수가 있겠어요?"라고 남자는 나무를 깎으며 대답했다. "우리 애들이 좋아한다고 해서 다른 집 애들도 좋아하라는 법은 없잖아요." (나는 학교에서 학생들을 가르칠 때 저런 사람들을 자주 보았다)

그러나 그 말에 실마리를 얻은 남자는 은근슬쩍 행동으로 옮겼다. 이튿날 딸 매리가 2층에서 내려오는 것을 보고 물었다. "장난감으로 뭘 갖고 싶니?"

아이는 아버지에게 인형이 쓸 침대, 인형이 쓸 세면대, 인형이 쓸 여행 가방, 인형이 쓸 작은 우산 등등을 갖고 싶다고 끝도 없이 손을 꼽았다. 그것들을 모두 만들어 주려면 평생이 걸릴 듯싶었다.

남자는 아이들에게 조언을 구한 후 집에서 나무 장난감을 만들기 시작했다. 목재를 살 돈은 없었기에 장작을 구했고, 채색하지 않은 튼튼한 나무 장난감을 만들었다.

이 힝햄 장난감은 오랜 세월 사람들의 사랑을 받게 된다. 남자는 자기 자녀들을 위해 장난감을 제작했고, 똑같은 것들을 만들어 근처에 있는 구둣방을 통해 판매했다.

조금씩 돈이 들어오더니 점점 더 많은 돈이 들어왔다.

토마스 로슨Thomas W. Lawson은 그가 쓴 《광기의 금융Frenzied Finance》에서 이 남자를 가리켜 과거 매사추세츠주에서 제일 부자였다고 기록하고 있으며 나는 이 기록이 사실이라고 믿는다. 그 남자는 오늘날 1억 달러가 넘는 자산을 소유하고 있는데, 단 한 가지의 원칙을 통해 이 같은 부를 쌓기까지 34년밖에 걸리지 않았다.

"그 원칙은 바로 자기 집 자녀들이 좋아하는 것은 다른 집안의 자녀들도 좋아하리라는 것이다."

사람의 마음을 알고 싶다면 자기 자신 혹은 자신의 아내나 자녀들에게 조언을 구하라는 것이다. 타인의 욕구를 파악하는 것은 어떠한 분야든 성공에 이르는 왕도다.

어쩌면 이렇게 물어보는 사람도 있을 것이다. "그 사람은 아무 자본 없이 성공했나요?"

글쎄, 돈을 주고 샀는지 그냥 어디서 얻었는지 알 길은 없어도 남자에게는 잭나이프가 한 자루 있었다.

나는 코네티컷주의 뉴잉글랜드에서 강연한 적이 있었다. 앞에서 네 번째 줄에 앉았던 한 여성의 사연을 소개할까 한다. 그녀가 집으로 돌아가 옷을 벗으며 옷깃을 분리하려고 하는데, 옷깃 단추가 단추 구멍에 꽉 끼어서 빠지지 않았다.

그녀는 옷을 던져버리며 말했다. "옷깃을 달려면 저런 단추보다 더 편한 게 있어야겠어요."

남편이 말했다. "오늘 저녁에 콘웰 씨가 말한 대로 옷깃을 더 쉽게 떼 내는 단추를 만들 필요성을 찾아냈구려. 사람들에게 필요한 것을 발견했으니 엄청난 부가 우리 눈앞에 놓인 건가? 이제 옷깃 단추를 고안해서 부자가 되시게."

그는 아내를 놀리면서 결국 나를 조롱한 셈이다. 이런 말을 들으면 한낮에 하늘을 뒤덮은 먹구름처럼 내 마음도 짙은 슬픔에 잠긴다. 반세기가 넘게 수많은 이들을 만났지만, 내가 했던 일이 하찮게 느껴지기 때문이다.

강연에 참석한 사람들이 나를 성원하며 보낸 박수는 우렁차지만, 그들이 백만장자가 될 가능성은 10명 중 1명도 되지 않는다. 하지만 그것은 그들의 잘못이지 내 잘못이 아니다. 진심으로 그러하다. 사람들이 내 조언대로 실천하지 않는데 내가 한 말이 무슨 소용이 있는가?

사례의 남편이 아내를 놀렸을 때 그녀는 더 편한 옷깃 단추를 개발하기로 마음먹었다. 여자들은 '내가 하겠다.'라고 작심하고 나면 조용히 실천에 옮기는 법이다.

그 뉴잉글랜드 여성은 결국 똑딱단추를 발명했고, 그 제품을 우리는 어디서나 볼 수 있다. 그것은 바깥쪽에 뚜껑이 부착된 최초의 단추였다. 오늘날 우비를 입어본 사람이라면 모두 간단히 결합하고 떼어내는 그 단추에 익숙할 것이다. 바로 이 똑딱단추를 그녀가 발명했다.

그녀는 이후에도 몇 가지 단추를 더 발명했고, 굴지의 공장들과 제휴를 맺었다. 이제 그 여성은 여름마다 그녀의 전용 유람선을 타고 전 세계로 여행을 떠난다. 물론 남편도 함께다!

내가 이 일화를 통해 전하려는 교훈은 무엇일까?

내가 과거에 그녀를 알지 못할 때 그녀에게 전했던 것과 똑같은 교훈을 지금 여러분에게도 나누고 싶다. "여러분이 부자가 될 기회는 아주 가까운 곳에 있습니다. 여러분은 지금 그것을 쳐다보고만 있어요." 그녀는 자신의 턱 밑에서 그 기회를 발견했고, 그 기회를 붙잡아 부자가 되었다.

세상에서 위대한 발명가들은 누구인가? 다시 한번 우리는 앞서와 같은 교훈을 마주한다. 위대한 발명가는 여러분 옆에 앉아 있는 사람일 수도 있고 여러분 자신일 수도 있다.

"하지만 나는 평생 뭐 하나 발명해 본 적이 없어요."라고 말하는 이도 있을 것이다. 위대한 발명가들도 성공의 비결을 깨닫기 전까지는 그랬다.

발명가라고 하면 뭐든지 눈금자처럼 정확하게 측정하거나 번쩍번쩍 아이디어가 떠오르는 특별한 두뇌를 가진 이들로 생각하는가? 전혀 그렇지 않다. 정말로 위대한 사람은 소박하고, 평범하고, 하루하루 열심히 살아가는 상식적인 사람이다.

그가 실제로 발명한 게 무엇인지 보지 않는 이상 여러분은 그가 위대한 발명가인 줄 상상도 하지 못할 것이다.

위대한 발명가의 이웃들은 그가 그토록 훌륭한 발명가인지 생각지도 못했다. 사람들은 자기 집 울타리 너머의 특별한 것을 보지 못한다. 자기 주변에는 대단한 것이 없다고 말한다. 그런 것은 아주 멀리 떨어진 곳에 있다고 여긴다.

특별한 발명가들의 위대함이란 그토록 소박하고, 평범하고, 거짓이 없고, 실용적이어서 이웃과 친구들이 전혀 알아보지 못한다. 진정으로 위대한 사람은 사람들이 잘 알아보지 못한다. 이 말은 거짓이 아니다.

가필드Garfield 장군의 전기를 쓰려고 내가 취재 나갔을 때의 일이다. 가필드 장군의 현관에는 수많은 인파가 있었다. 한 이웃이 내가 사정이 급한 것을 알고는 나를 데리고 가필드 장군 집의 후문으로 데려가더니 "짐! 짐!"하고 외쳤다. 그러자 '짐'이 문밖으로 나와서 나를 데리고 들어갔다.

나는 미국에서 추앙받는 위대한 인물의 전기를 썼다. 하지만 이웃에게 장군은 그저 '짐'이라 불리는 노인일 뿐이었다.

남북전쟁 당시에 내 휘하 장병 한 명이 사형선고를 받

은 일이 있었다. 그때 나는 워싱턴 백악관에 들어가 평생 처음으로 대통령을 만나게 되었다. 대기실에 들어갔더니 수많은 사람이 앉아 있었고 나도 함께 차례를 기다렸다.

비서관이 기다리는 사람들에게 무엇 때문에 방문했는지 차례로 물었다. 대기 중인 사람들을 전부 확인한 비서관이 곁방으로 들어가더니 다시 밖으로 나와 내게 손짓했다. 내가 곁방에 들어가자 비서관이 말했다. "저기가 대통령 집무실입니다. 가볍게 노크하고 들어가세요."

내 평생 그렇게 긴장했던 적이 없었다. 집무실에 들어갔다가 나갈 때는 집무실 왼쪽에 있는 다른 문으로 나가라는 비서관의 설명을 듣고 나니 더욱 떨렸다. 나는 미합중국 대통령의 집무실 앞에 홀로 서 있었다.

나는 전쟁을 치르는 군인이었다. 하루에도 몇 번씩 포탄이 굉음을 내며 터지고 이따금 총탄이 날아와 내 몸을 스칠 때도 있었다. 나는 언제나 그곳에서 도망치고 싶은 마음이었다.

한 노병은 태연하게 "나는 적군이 쏘는 포탄의 아가리를 향해 저녁 먹듯이 진군한다."라고 말했지만 나는 그 말에 공감할 수 없다.

총에 맞는 게 두렵지 않다고 말할 만큼 아무것도 모르는 사람을 나는 믿지 않는다. 앤티텀 전투에서 포탄이 마구 터질 때 나는 두려웠지만, 대통령 집무실에 들어가는 순간만큼 두려움에 떨었던 적은 없었다.

나는 용기를 냈다. 내가 어떻게 용기를 냈는지 기억이 나지는 않지만, 어쨌든 팔을 들어 노크했다. 집무실에 있는 대통령은 떨리는 내 마음을 진정시키는 데 아무 도움이 되지 않았다. 그는 큰소리로 이렇게 말했다. "들어와서 앉아요!"

나는 방에 들어가 의자에 등을 기대지 않고 살짝 걸치듯이 앉았다. 책상에 앉은 대통령은 나를 쳐다보지도 않았다.

그는 세상에서 가장 훌륭한 위인으로 꼽히는 사람이었고, 그 자리에 서기까지 그가 따른 원칙은 단 하나였다. 에이브러햄 링컨이 위대한 인물이 될 수 있었던 원칙은 거의 모든 사람에게 적용할 수 있다. 그가 지킨 원칙은 이것이다.

"무엇을 하든 전심과 전력을 다하고,

그 일을 완료할 때까지

변함없이 그 상태를 유지하라."

대통령은 책상 위에 올라온 서류에 집중하느라 나를 쳐다볼 새도 없었다. 나는 거기 앉아서 떨고 있었다. 마침내 대통령이 서류를 둘둘 말아 끈으로 묶은 뒤 한쪽으로 치우고 나서야 나를 보았다. 피곤해 보이는 얼굴에 미소가 떠올랐다.

대통령은 말했다. "너무 바빠서 할애할 시간이 몇 분밖에 없습니다. 그러니 바라는 게 무엇인지 요점만 간단히 얘기하세요."

나는 그에게 내 휘하 장병의 사형 판결에 관해 언급했다. 그러자 대통령은 "그 사건에 관해서는 전부 들었으니 더 말하지 않아도 됩니다. 스탠턴 장관이 내게 며칠 전에 그 건에 관해 이야기했어요. 나는 스무 살도 안 된 아이를 처형하라는 명령에 서명한 적이 없고, 앞으로도 그런 일은 없을 테니 안심하고 호텔로 돌아가 편히 쉬도록 하세요. 이 말을 소년의 모친에게도 그대로 전해주세요. 그나저나 전방 분위기는 어떻습니까?"

내가 대답했다. "종종 사기가 떨어지곤 합니다."

그러자 대통령이 말했다. "괜찮습니다. 이제 우리가 곧 승리합니다. 동이 트기 일보 직전입니다. 미합중국 대통령은 되지 않는 게 좋아요. 나도 임기가 어서 끝나기를 바랍니다. 그러면 아들 녀석과 함께 일리노이주의 스프링필드로 갈 생각입니다. 거기 농장을 하나 샀어요. 다시 일당 25달러만 받고 생계를 유지하더라도 상관없어요. 아들 녀석이 노새 두 마리를 키우고 있고, 양파도 심을 생각입니다. 혹시 시골에서 자랐습니까?"

내가 답했다. "예, 매사추세츠의 버크셔 힐스에서 자랐습니다."

대통령은 큰 의자 한쪽 너머로 다리를 죽 펴면서 말했다. "어렸을 때부터 수없이 들은 바로는 그곳 고원 지대에서 양을 키우려면 양들의 코를 뾰족하게 만들어야 바위 틈새에서 풀을 뜯어 먹을 수 있다더군요."

대통령은 너무나 친근하고, 평범한 내 이웃에 사는 농부 같았다. 그 모습에 나는 단박에 마음이 편안해졌다. 그러고 나서 대통령은 또 다른 두루마리 서류뭉치를 집어 들더니 나를 올려다보고는 이렇게 말했다.

"좋은 아침 되세요!" 나는 그 말뜻을 알아듣고 일어나서 밖으로 나왔다. 밖으로 나오고 보니 내가 방금 미합중국 대통령을 만난 게 맞는지 실감이 나지 않았다.

며칠 후 내가 아직 워싱턴에 머물고 있을 때였다. 수많은 군중이 백악관 이스트 홀로 향했다. 관에 누워있는 에이브러햄 링컨을 조문하기 위해서였다. 나는 암살당한 대통령의 얼굴을 마주했을 때 비로소 실감했다.

짧은 순간이나마 내가 만났던 그 사람이, 내가 보기에 지극히 평범하고 소박했던 그 사람이 사실은 이 나라가 자유를 쟁취하도록 하늘이 내린 위대한 지도자였다는 사실을 말이다. 하지만 그 대통령도 이웃사촌에게는 그저 친근한 '에이브 영감'일 뿐이었다.

발인식이 거행되었을 때 나는 다른 사람들과 함께 초대를 받았고, 스프링필드의 무덤에 안치된 관을 보았다. 묘지 주위에는 대통령의 오랜 이웃들이 서 있었다. 그들에게 대통령은 '에이브 영감'이었다. 그렇게 부르는 것이 그들에게는 지극히 자연스러웠다.

누가 봐도 평범한 사람에 불과한데 혹시라도 사람들이

몰라볼까 봐 으스대고 거들먹거리는 사람을 본 일이 있는가? 그런 사람이 훌륭하게 보이는가? 그런 사람은 걸어 다니는 풍선 인형이나 다름없으며 위대함이라곤 찾아볼 수 없다.

위대한 사람은 누구인가?

얼마 전에 나는 한 가난한 남자에게 막대한 부를 안겨준 사소한 일에 관해 그 역사를 살펴보았다. 물건을 발명한 계기는 끔찍했을지 몰라도 이 가난한 남자(위대한 발명가나 천재는 아니었다)는 덕분에 '안전핀'이라는 물건을 발명했고, 그 물건으로 미국에서도 손꼽히는 백만장자 가문을 일구게 되었다.

매사추세츠에서 살았던 한 가난한 남자도 떠오른다. 이 남자는 못 공장에서 일했는데 38세에 크게 다쳐 제대로 일을 할 수가 없었다. 이후에는 사무실에서 지폐에 적힌 낙서를 지우는 일을 했다. 고무를 이용해 낙서를 지웠는데 일을 마치면 손이 몹시 아팠다. 나중에는 고무 조각을 막대기 끝에 결합해 대패처럼 사용했다.

어린 딸이 그에게 다가와서 말했다. "왜 특허를 등록하지 않으세요?"

그 남자는 나중에 이렇게 회고했다. "내가 막대기를 가져와 그 끝에 고무를 연결하니까 내 딸이 특허라는 게 있다고 하더군요. 그때 처음으로 특허를 등록할 생각을 했어요."

그는 보스턴에 가서 특허를 등록했다. 알다시피 고무지우개 달린 연필을 쓰는 사람들은 그 백만장자에게 일정한 사용료를 지급하는 셈이다. 그 남자에게는 자본도 없었고, 그것을 개발할 때 단돈 1페니도 들지 않았다. 따라서 백만장자가 되기까지 지출은 전혀 없었다.

"어디에서도 가치 있는 목표를 추구하며,
사업으로 위대해질 기회가 있음을 믿어야 한다.
그 어느 때보다 큰 기회가 눈앞에 있다."

만약 여러분이 성공한 사람이 되고 싶다면, 여러분이 지금 거한 곳에서 그리고 여러분이 현재 처한 신분에서 시작해야 한다. 자신의 이웃에게 축복을 가져다주고, 자신이 사는 곳에서 선량한 시민이 되고, 자기 가정을 더 행복하게 만들고, 가게에서 일하든 계산대 뒤에 앉아 일하든 집안일을 하든 존재 자체가 축복될 수 있어야 한다.

여러분이 살면서 무엇을 하든 또 어디에 있든 성공한 사람이 되기를 원한다면 자신이 사는 곳에서 먼저 위대해져야 한다.

Ⅳ. 꺾이지 않는 마음

무엇이든 할 수 있는 나만의 의지

사람이 북적이는 장터에서나 삭막한 황야에서나 성공의 여신이 변함없이 외치는 메시지는 바로 하나, '성공은 의지에 달려 있다.'라는 것이다. 그 전언을 마음에 새긴다면 비록 특별한 능력이 없는 사람일지라도 인생의 정상에 오를 만반의 준비를 마친 셈이다.

나는 지난 50년간 학교와 교회 연단에 서서 청년들에게 이 메시지를 겸허히 전달하려고 부단히 애썼다. 이 전언이 틀림없다는 사실을 나는 이미 수천 명의 삶을 통해 거듭 확인했다.

나는 그 사람들의 성장 과정을 지켜보는 특권을 누렸다. 여러분 앞에 놓인 미래는 아직 가공되지 않은 대리석 덩어리와 같다. 여러분은 그 덩어리를 뜻하는 대로 조각할 수 있다. 건강이나 지능이 특출하지 않더라도 한 가지 뜻을 확고히 세우고 성실하게 목표를 추구하면 타고난 유전자도 환경도 타인이 초래하는 장애물도 여러분이 성공의 길로 나아가는 것을 막지 못한다.

'확고한 의지'는 인생에서 어떤 길을 걸어가든 그 여정을 이끌어가는 배터리다. 쏟아지는 적의 화살로부터 상처를 입지 않도록 보호해주는 갑옷이다. 내가 근래 들어 각별하게 힘쓰는 과제가 하나 있는데 그것은 우리가 의지를 품고 그 의지가 자신을 지휘하도록 할 때 인생의 정상을 향해 오를 수 있다는 사실을 젊은이들에게 각인하는 일이다.

30년 전, 필라델피아에는 배움을 향한 의지가 있는 가난한 청소년들에게 고등 교육을 받을 기회를 제공하려는 목적 아래 신학대학교의 전신이 되는 교육기관이 세워졌다. 나는 지금까지 9만 명에 달하는 학생들이 이 학교에 입학하는 모습을 지켜봤다.

대다수가 돈 한 푼 없이 필라델피아로 이주한 학생들이었으나 배우려는 의지만큼은 무척 확고했다. 이들 가운데 마음먹은 일에 실패하고 돌아간 이들을 나는 보지 못했다. 확고한 의지는 강한 산성을 띠고 있어서 그 앞에서는 모든 족쇄가 녹아서 사라진다. 이와 반대로 나약한 의지는 실패한 이들이 그들의 무기고에서 가장 손쉽게 구하는 무기이다.

"그저 오랫동안 배회하다 보면
이따금 운 좋게 성공의 문을 만나리라고
기대하는 사람이야말로
세상에서 가장 가망 없는 사람이다."

이런 사람들은 까마귀가 먹을 양식을 물어다 준다든지 화수분 같은 유전을 발견한다든지 배를 타고 나가면 식사 때마다 물고기가 튀어 올라 배 안으로 떨어지기를 기대하는 사람이나 마찬가지다. 그들은 삶이 기적의 연속이라고 믿는다.

자신의 운세를 믿고 게으름을 피우면서 세상이 그들의

생계를 책임질 의무가 있다고 당당하게 주장한다. 세상은 노력하지 않는 자에게 빚진 것이 전혀 없다. 인생을 살면서 사람은 자신의 가치만큼 뭔가를 얻게 되며, 뭔가 얻고자 한다면 그에 상응하는 노력을 기울여야만 한다. 게으른 성공이란 것은 없다.

내가 개인적으로 알고 있거나 혹은 전해 들은 수천 명에 달하는 젊은이들의 이야기가 떠오른다. 이들은 온갖 악조건에 부딪혔어도 타고난 재능을 열심히 갈고닦으며 오직 굳은 의지와 인내심으로 이겨냈다.

한 영국인 학생이 내 사무실을 찾아온 지도 벌써 30년이 지났다. 그는 웅변을 배우기 위해 우리 대학의 야간 강습반에 등록하고 싶어 했다.

"우리 법대에 들어오는 건 어때?" 내가 그에게 물었다.

"너무 가난해서 제게는 기회가 없어요." 그는 힘없이 고개를 저었다.

나는 매섭게 그를 나무라며 외쳤다. "기회가 없는 것도 당연하지. 도전하려는 의지조차 없으니까!"

이튿날 그 학생이 내 사무실 문을 다시 두드렸다.

얼굴에서 빛이 났고 눈빛에 굳은 결의가 보였다. "변호사가 되기로 마음먹었어요." 그의 목소리에는 진심이 가득했다. 훗날 필라델피아의 시장이 된 그 학생은 그때 품은 결심을 인생의 전환점으로 수없이 되돌아보았을 게 틀림없다.

코네티컷주의 한 젊은 농부도 떠오른다. 지능이 너무 낮아 학습이 불가하다고 교사들이 포기할 정도여서 그는 7세에 학교를 그만두었다. 그리고 21세가 될 때까지 부친의 농장에서 일하며 지냈다.

그러다가 어떤 계기로 동물의 세계에 호기심이 생겼고, 동물학에 관한 책을 읽으면서 동물의 기원과 발전을 공부했다. 그는 이해의 폭을 넓히기 위해 다시 학교로 돌아가 14년 전에 멈췄던 부분부터 다시 학업을 시작했다.

누군가 그에게 말했다. "의지만 있으면 최고가 될 수 있단다!"

그는 실낱같은 희망을 붙들고 그 희망이 마침내 꽃을 피울 때까지 물을 주며 키워나갔다. 그는 28세의 나이에 대학에 진학했고, 내가 지원하는 도움을 받기도 했지만 스스로 학비를 벌어가며 학업을 마쳤다.

오늘날 그는 오하이오대학교에서 존경받는 동물학 교수가 되었다. 이 밖에도 이와 비슷한 사례는 수없이 많다.

대학 교육을 마치도록 내가 도우려 했던 젊은이들 가운데 건강상의 이유 말고 다른 이유로 도전에 실패한 사람은 단 한 명도 떠오르지 않는다. 물론 나는 스스로 노력하지 않는 사람을 도운 적은 없다.

어떤 목표를 이루고 싶은지 정하는 순간 그 목표를 이루는 데 필요한 것들을 바라보고 붙잡을 수 있는 위치에 서게 된다. '의지만 있으면' 변호사든 엔지니어든 무엇이든 될 수 있느냐고 젊은이가 내게 물을 때마다 내 대답은 항상 똑같다. "의지만 있으면 무엇이든 될 수 있지요. 10년 후에도 세상 사람들이 필요로 하는 일에 뜻을 품는다면 말이죠."

의지만 있으면 무엇이든 될 수 있지만, 꿈을 품은 젊은이라면 반드시 명심할 조건이 하나 있다. 수요가 확실한 목표에 자신이 가진 돈과 정력을 쏟아야 한다는 것이다.

자신이 지닌 고유한 재능과 사람들의 구체적인 필요에 부합하는 직업을 선택해서 가능한 한 일찍 자신의 평생 직업으로 삼아야 한다.

그리고 지속적인 독서와 관찰을 통해 자신이 정한 목표를 이룰 만한 역량도 갖춰나가야 한다.

뜻이 있는 곳에 길이 있다는 믿음

기회가 풍부한 나라에서는 누구나 마땅히 부자가 될 수 있어야 한다. 신앙심이 깊은 사람으로 살아가려면 허름한 옷을 입고 궁핍하게 살아야 한다고 생각하는 이들이 있지만, 그들은 틀렸다.

"돈이 만악의 근원이 아니라,
돈을 숭배하는 마음이 만악의 근원이다."

돈 자체는 인류를 이롭게 하는 동력이다. 나는 강연할

때마다 다이아몬드 광산과 금광이 바로 우리 발밑에 있음을 강조했다. 부자가 되려면 머나먼 곳으로 떠나야 한다고 생각하는 사람들이 있다. 하지만 그들이 발견하지 못했을 뿐 자신의 뒷마당에 부자가 될 기회가 묻혀있을 가능성이 훨씬 더 크다. 대다수 백만장자는 자신의 주변을 관찰한 덕분에 부를 쌓을 수 있었다.

최근에 나는 4천43명에 달하는 미국 백만장자들의 삶을 조사하고 있다. 백만장자들 가운데 20명을 제외하면 모두 가난한 가정에서 자랐고, 40명을 제외하면 모두가 그들이 속한 공동체에 많은 돈을 기부했으며, 함께 일하는 직원들과 공정하게 이익을 분배했다. 부잣집에서 태어난 자녀들은 모두 그 부를 유지한 것은 아니어서 17명 중 1명꼴로 궁핍하게 지내다가 죽음을 맞았다.

그렇다면 사람은 일정 세월을 빈둥거리며 헛되이 지내다가도 성공을 향해 투지를(이는 성공의 원동력이다) 불태울 수 있을까?

의지력은 꾸준히 키울 수 있을 뿐만 아니라 성냥에 불을 붙이듯 일정한 계기로 불타오를 때도 많다.

나는 에이브러햄 링컨의 삶을 자주 떠올린다. 그는 참으로 훌륭한 사람이다! 그를 직접 만날 기회를 가졌던 것은 영광이었다.

그런데 에이브러햄 링컨은 21세가 지나서야 놀라운 의지력을 발휘했다. 그전까지는 사람은 좋아도 여기저기 떠돌며 세월을 허비하는 사람이었다. 어떤 계기로 그가 껍질을 깨고 의지의 날갯짓을 펼쳤는지 그에게 직접 묻지 못한 것을 나는 지금도 후회한다.

여러 해 전에 몇몇 신학대학교 학생들이 벨뷰 스트랫퍼드 호텔 맞은편 건물에서 모임을 진행했다. 그 대학생들이 모임을 끝내고 나가는데 한 외국인이 건너편에서 땅콩을 팔고 있었다.

대학생들은 그 사람에게 땅콩을 구매하면서 이런저런 대화를 나누다가 배울 의지만 있다면 대학에서 교육을 받을 수 있다고 설명했다.

그 가난한 친구는 학생들에게서 필요한 정보를 최대한 얻었다. 그는 신학대학교에 등록했고 일과 학업을 병행하며 초등학교 과정부터 전문 교육 과정까지 학업을 마쳤다.

그는 오늘날 수도 워싱턴에서 저명한 의사가 되었다.

자주 생각나는 사무소 직원 한 명이 있다. 그에게는 가슴 떨리도록 간절히 실현하고 싶은 꿈이 있었다. 학교에 다닐 수만 있다면 이 꿈을 실현할 수 있으리라 믿었다. 그래서 야간반에 다니기 시작했고, 학사 학위를 받아 무사히 졸업했다. 그는 지금, 이 나라에서 내로라하는 증권회사 사장으로 백만장자가 되었다.

"뜻이 있는 곳에 길이 있다!" 하지만 그 길을 선택할 때 상식적인 판단을 내릴 필요가 있다. 어느 장군이나 승리에 대한 의지가 확고할 테지만, 몸 하나 숨길 곳 없는 개활지에서 병사들을 적들의 공격에 노출하면 끔찍한 재앙과 패배를 자초하는 것이다.

뛰어난 장군은 작전계획을 주도면밀하게 세우고, 병력 손실을 최대한 아끼는 방식으로 부대를 전진시킨다. 인생이라는 전쟁을 치를 때도 좋은 작전이 필요하다.

사람은 자기 생각을 바로잡을 수 있다. 인간을 온갖 부품으로 만들어진 기계에 비유할 때, 올바르게 자리 잡지 못한 부품으로 크게 곤란을 겪는 사람들이 많다. 타고난 재능이 제자리를 찾도록 조정하지 않고 지낸다는 뜻이다.

그러니까 벨트 전동에 바퀴는 있는데 벨트가 없다거나 보일러에 연료가 없는 것처럼 기계를 돌릴 동력이 없는 상태로 지내고 있다.

자신이 지닌 능력을 제대로 평가하고 자기가 어떤 일을 하는 것이 맞는지 알아볼 생각조차 하지 않는 이들이 있다. 그러면서 자신이 사회 밑바닥에 처한 이유를 의아해한다.

자신은 세상에서 아무 쓸모가 없는 것 같다고 내게 말했던 젊은 여성이 생각난다. 나는 그녀가 할 수 있다고 생각되는 일들을 몇 가지 언급해주었다. "자신이 어떤 사람인지만 알면 글을 쓸 수 있을 겁니다. 작가가 되면 좋겠어요."

그녀는 머리를 흔들며 미소를 지었다. 내가 그녀를 놀리는 줄 알았던 모양이다. 훗날 그녀는 형편상 펜을 들 수밖에 없었다. 그리고 나를 찾아와서 말하기를 글을 쓰는 일로 1년에 3만 달러나 벌고 있으며 곧 원고료를 더 많이 받을 것이라고 말했다. 그 말을 들으니 그녀가 어렸을 때 자신의 가치를 정확히 평가하지 못해 1주일에 고작 30달러를 벌던 시절이 떠올랐다.

나는 새도 움직여야 난다

"인생이라는 치열한 전투를 치르는 중인데
좋은 기회가 오기만을 기다리며
그때가 와야 제 실력을 발휘할 것처럼
여기는 사람들이 있다.
기회의 문은 타고날 때부터 그들 안에 있었음에도
여전히 기회의 문이 열리기만 기다리고 있다."

시장에 출시된 위대한 발명품치고 자기가 제일 먼저 저 아이디어를 떠올렸노라고 말 얹지 않는 사례는 없다.

하지만 이들이 앉아서 꿈만 꾸거나 혹은 완벽하게 만들어서 내놓으려고 애쓰는 사이에 주도적인 사람이 먼저 아이디어를 실행에 옮기고 만다. 아무리 대단한 아이디어라도 그것이 실제 사용되기 전에는 아무 가치가 없다.

당국에서는 최초로 특허를 등록한 사람이나 최초로 그 발명품을 만들어 사용하게 만든 사람의 권리만 인정한다. 다른 나라도 다 비슷비슷하다. 이러므로 몽상가는 늘 뒤처지기 마련이다. 진정한 의지력이란 집중하는 능력까지 포함한다.

너무나 많은 사람이 한 가지 일을 끝내놓고 '이 정도면 됐어.'라고 스스로 칭찬한다. 그렇게 안주하는 것이야말로 가장 위험한 일이다. '이 정도면 됐어.'라는 만족은 저주이다. '이 정도면 됐어.'라는 만족은 사업을 망친다. '이 정도면 됐어.'라는 만족은 나라를 망하게도 한다. 한 과제를 완벽하게 완수할 수 있음에도 '이 정도면 됐어.'라고 만족하면 완벽함에 이르지 못한다.

매사추세츠의 주지사 탤벗이 그 자리에 오른 것은 스위프트 장군이 전당대회에서 이렇게 후보를 지지하며 연설한 덕분이었다.

"나는 매사추세츠 주지사 후보로 농부의 아들을 추천합니다. 이 사람은 밭을 갈 때도 대충하는 법이 없이 끝까지 고랑을 갈았습니다."

그가 한 말은 선거 운동 표어로 사용되었다. '그는 대충하는 법이 없다! 그는 대충하는 법이 없다!' 사람들은 이 표어가 후보의 됨됨이를 여실하게 보여준다고 판단했고, 탤벗은 역대 최다 표를 얻어 매사추세츠 주지사에 당선되었다.

하지만 어떤 일이든 지나치면 안 된다는 사실도 유념해야 한다. 공부에는 지혜를 얻는 공부가 있고, 정신을 망치는 공부가 있다. 운동에는 우리 몸을 건강하게 하는 운동이 있고, 몸을 상하게 하는 운동이 있다. 성실성에는 순수하고 신성한 성실성이 있고, 무모하고 병적인 성실성이 있다. 경제 관념에는 세심한 경제 관념이 있고, 인색한 경제 관념이 있다. 근면함에는 자기 힘을 합리적으로 사용하는 근면함이 있고, 힘을 과도하게 사용해 파멸을 초래하는 근면함이 있다.

논리정연한 사람은 우리 주변에서 반복적으로 발생하는 문제를 파악하고, 해결 방법을 합리적으로 도출하는 사람이다. 그 대상이 사물이든 연이어 일어나는 사건이든 글에 담긴 요지든 그 의미를 재빠르게 알아차린다.

"매일 보고 들으며 배운 것들이
인간을 만든다."

여러 해 전 뉴욕에 사는 백만장자와 함께 식사한 적이 있었다. 대화를 나누는 중에 그는 자신의 어린 시절 이야기를 들려주었다. 주머니에 동전 한 푼도 없던 그는 가방 하나 짊어지고, 뉴욕주의 이리Erie 운하를 따라 일자리를 찾아다녔다.

그러다 1주일에 3달러를 받는 일자리를 하나 얻었다. 노동자들이 갑문에서 손 씻을 때 사용할 비누를 만드는 공장이었다. 사람들 눈에는 참으로 하찮은 일로 보였겠지만, 그는 주변을 허투루 보지 않았다.

그의 눈에는 금방 물러지는 비누의 단점이 보였고, 기존 비누를 대체할 만한 단단한 비누를 만들기 시작했다. 마침내 새로운 비누를 만드는 데 성공한 그는 엄청난 부를 쌓게 된다.

"모든 사람은 하나씩 재능을 타고나고,
그 일에 맞게 설계되었다."

만약 살림에 뛰어난 주부라면 직물 공장에서 일하면 안 된다. 자신의 타고난 재능에 맞는 분야에서 기회를 잡을 수 있도록 준비하는 것이 우리 의무다.

필라델피아의 퍼블릭 레저Public Ledger 신문사를 소유한 조지 윌리엄 차일즈George W. Childs는 과거 해당 건물 앞에서 구두를 닦고 신문을 팔았다.

그는 그 건물을 바라보며 언젠가는 저 건물 안에 큰 신문사를 차릴 것이라고 입버릇처럼 되뇌었다고 내게 말했다. 함께 일하는 친구들에게 자신의 야심을 이야기하자 다들 그를 비웃었다. 하지만 불굴의 의지를 지닌 차일즈는 결국 미국의 유력 신문사를 소유하게 되었다.

성공의 동력인 의지력에 관한 이야기를 마무리하기에 앞서 전할 말이 하나 더 있다. 참으로 의지가 강한 사람은 타인의 행복도 존중해야 한다.

자신이 뜻한 바에 사로잡혀 다른 사람들에게 친절을 베푸는 일을 잊어서는 안 된다. 이웃에게 친절을 베푸는 의무를 다하기 전에는 모든 의무를 다한 것이 아니다.

사람을 무시하고 적을 만드는 행동만큼 인생에서 값비싼 대가를 치르는 일도 없다. 나는 쓸데없이 적을 만들지 않는다. 적을 두면 너무 큰 비용을 치르게 된다.

모든 사람은 날 때부터 성공하는 데 필요한 도구를 갖추고 있다. 자기에게 꼭 맞는 사명에 헌신하되 자신에게 유익할 뿐 아니라 세상에도 유익한 사명을 선택하라. 의지만 확고하면 그 어떤 것도 장애가 될 수 없다는 사실을 잊지 말기 바란다.

어떤 일을 할지 신중하게 선택하고, 정당한 방법으로 떳떳하게 자신이 정한 목표를 향해 치열하게 싸우고, 그 목표에서 눈을 떼지 말아야 한다. 이 외에 또 다른 성공 비결에 관해서는 나는 알지 못한다.

위대한 애국자 다니엘레 마닌

이탈리아 베네치아의 위대한 애국자이며 정치가인 다니엘레 마닌Daniel Manin의 전기를 읽어보면, 사람의 의지가 얼마나 무한한 가능성을 지니고 있는지 보여주는 멋진 사례로 가득하다. 그는 베네치아의 빈민가에서 태어났다. 부모는 신분이 미천하고 돈도 없었다.

1805년에 베네치아는 오스트리아의 지배를 받고 있었고, 당시 사회는 귀족과 농민으로 계급이 엄격히 구분되었다. 마닌의 부친이 일찌감치 아들을 버리고 떠났기에 모친이 홀로 아들을 돌보았다.

머리가 둔한 편이었던 마닌은 학교에 다닐 때 또래 아이들과 어울리지 못했다. 역사상 위대한 인물 가운데 많은 이들이 그렇듯 마닌도 유년기에는 지능 발달이 느렸다. 지능도 지능이지만 신분상으로도 마닌은 성인이 되면 운하에서 흙이나 파며 생계를 이을 운명이었다.

미국의 소년들은 이 정도로 불리한 상황은 아니다. 배움이 더딘 아이들은 늦더라도 확실하게 배운다. 역사(여기서 내가 말하는 역사란 전기에 적힌 내용이 전부이지만)에 따르면 위인들은 늦게라도 배울 줄 알았다. 나폴레옹과 웰링턴은 모두 배움이 더뎠고, 링컨은 어려서 지진아였다고 스스로 언급한 적이 많다.

다니엘레 마닌은 8~10세가 되도록 책을 전혀 읽을 줄 몰랐다. 하지만 청소년기 이후 갑자기 투지를 불태우며 모두의 예상을 뛰어넘어 폭발적으로 성장했다. 마닌의 절친한 친구였던 코슈트Kossuth가 뉴욕을 방문해 강연한 내용에 따르면 마닌이 각성한 데에는 미 공화국의 영향이 컸고, 향후 마닌은 이탈리아 독립에 앞장서게 된다.

한 미국인 선장이 베네치아에서 하역 작업하면서 마닌을 심부름꾼으로 고용했다. 선장은 다시 항해를 떠날 때

금테로 장식한 책 한 권을 마닌에게 선물했다. 그 책은 조지 워싱턴과 존 핸콕John Hancock의 일대기가 실린 책이었다.

마닌을 무척이나 아꼈던 선장은 반드시 그 책을 꼼꼼하게 읽고 배우라고 신신당부했다. 마닌은 영어를 전혀 읽을 줄 몰랐다. 선장에게 몇 가지 구문을 배운 것이 전부였다.

그러나 선장이 선물한 책은 훗날 베네치아가 공화국으로 독립하고, 이탈리아가 통일 후 헌법을 제정할 때 미국 헌법이 일부 채택되는 결과를 낳았다. 지능 발달이 느리지만 성실했던 마닌의 내면에 잠들어 있던 강인한 의지를 그 책이 일깨운 덕분이었다.

마닌의 모친은 이탈리아어 초급도 떼지 못하는 수준에 영어로 책을 읽겠다고 덤비는 것은 시간 낭비라며 반대했다. 마닌은 고된 노동의 대가로 번 돈으로 영어 문법책과 숙어집을 샀다.

선생도 없이 무작정 공부를 시작한 마닌은 기어이 그 책을 읽고 말겠노라며 결심을 다졌다. 하나밖에 없는 친구조차 마닌에게 응원 한 마디나 격려의 미소 한번 보내지 않았다. 마닌은 밤늦게까지 양초를 켜놓고 공부했고, 이튿날 동이 트면 다시 아침 식사 전까지 공부했다.

그리고 매일 일터에 나가 심부름꾼이나 곤돌라 사공 일을 했다. 무모해 보이는 공부를 시작한 지 몇 주인가 몇 달이 흐른 어느 날 저녁 마닌은 신바람이 나서 모친의 방에 뛰어 들어와 외쳤다.

"책을 읽을 수 있어요! 제가 책을 읽을 수 있다고요!"

외국어를 배우는 데 성공한 학생들은 다들 자신이 해당 외국어로 생각할 수 있음을 깨닫는 순간이 별안간 찾아오기 마련이다. 그 순간부터는 외국어 공부가 어렵지 않다. 마닌의 머릿속에서도 틀림없이 이런 변화가 일어났을 것이다. 그 변화가 너무나 갑작스러운 데다가 놀라워서 친구는 그 사건을 기적이라고 불렀다.

마닌을 알고 지냈던 가난한 이웃들은 그 변화를 경이로운 시선으로 바라봤다. 베네치아 주재 총영사 스파크스Sparks가 쓴 글에 따르면, "마닌은 지적으로 다시 태어난 경험에 관해 자주 언급했으며, 영어로 쓰인 워싱턴의 전기를 읽어내는 데 성공한 경험을 계기로 크게 깨우친 바가 있어 이후 베네치아의 독립을 되찾는 위험하고도 지난한 과업에 뛰어들 수 있었다고 말했다."

뭔가를 하겠다고 일단 작심하면 끈기 있게 그것을 실

행하는 능력이 자기에게 있음을 깨닫게 된 마닌은 인생을 더 멀리 내다보고 포부와 희망을 키우게 되었다. 그는 어려서 못한 공부를 끝마치기로 마음먹었다. 마닌은 학교 교과서를 구해 그것들을 철저히 익혔다.

이로써 마닌은 '일을 배우는 게 느리지만, 일단 하면 잘하는 청년'으로 알려졌다. 친절한 신사들 가운데 마닌에게 도움을 주는 이들이 생겼고, 가판대 일자리도 얻었다.

마닌이 보여준 끈기와 그가 이룬 성과들은 행복하게 완결된 로맨스 소설처럼 짜릿하고 신났다. 마닌은 파도바대학교에 들어가 대학 교육을 마치는 데 성공했다. 법을 전공한 그는 22세에 변호사 자격을 얻었다.

오스트리아의 판사들은 그들의 법정에 마닌이 변호사로 서는 것을 탐탁지 않게 여겼다. 무려 2년여간 날마다 법률사무소에 출근한 끝에야 그에게 돈을 지급하는 의뢰인을 만났다고 전해진다.

돈이 없어 끼니를 거르면서도 끈기 있게 목표에 매달리는 것을 보면 알 수 있듯 마닌은 불굴의 의지를 지녔다. 이런 점에 매력을 느낀 귀족 집안 딸과 서로 사랑하게 되어 결혼까지 하였다.

그러나 불행하게도 오스트리아군이 마닌의 장인에게 '아메리카니(미국인)'와의 수상쩍은 비밀 연대라는 혐의를 씌워 집안의 재산을 몰수했다.

오스트리아군은 베네치아 귀족들의 비밀 조직을 '카르보나리'라 불렀다. 이 조직의 구성원인 베네치아 귀족들 사이에서 마닌은 정신적 지주가 되었다. 마닌의 의지를 꺾을 수 있는 것은 아무것도 없는 듯했다.

1832년에 마닌은 (장차 독립할) 베네치아 공화국의 대통령직을 귀족들에게서 제의받지만 고사했다. 1848년에는 유럽에서 혁명이 일어나 모든 독재자의 지위가 도전을 받았다. 베네치아 역시 잠시 해방을 맞지만, 다시 오스트리아의 지배하에 놓였다.

1848년에 마닌은 거의 만장일치로 귀족들에 의해 '미국식 베네치아 공화국'의 대통령에 추대되었다. 마닌은 선거제도 채택을 주장하며 두 번째 성명문을 발표했지만, 곧 오스트리아군이 도시를 포위하고 공격했다(도시는 함락되고 마닌 가족은 추방됨-옮긴이).

미국 총영사 스파크스는 마닌이 발표한 성명문을 다음과 같이 기록한다. "선거제를 수용하고 의회는 미 공화국

헌법의 다음 항목들을 이 나라의 헌법으로 삼아야 한다."

그는 이탈리아에 '미국식 공화국'을 뿌리내리기로 굳게 결심했다. 그리고 그 제도가 베네치아에 실현되는 것을 생전에 지켜봤다.

오늘날에는 이탈리아의 대도시마다 다니엘레 마닌의 동상이 세워져 있다. 마닌의 동상이 베네치아에 세워지고 공원과 광장에 그의 이름이 붙여졌다. 마닌은 새로운 이탈리아 왕국의 국부로 불렸다.

가리발디 장군의 말에 따르면, 마닌은 통일 이탈리아를 위해 헌법 초안을 작성할 때 미국의 독립선언문을 인용했다고 한다. 가리발디 장군은 왕의 권력도 대통령 수준으로 제약할 수 있다고 마닌을 설득하려 했지만, 이탈리아 정부는 미국식 공화제를 채택해야 한다고 주장하는 마닌을 설득하기 어려웠다고 한다.

마닌은 새로 제정하는 이탈리아 헌법에 미국식 공화제를 채택해 자유와 평등이라는 단어를 명시할 것을 주장했다. 카보우르Cavour와 가바치Gavazzi는 물론, 극단주의자인 마치니Mazzini조차 결국에는 이 요구를 수용했다.

이탈리아 왕국이 완전한 통일을 실현한 것은 마닌 사후

에 일어난 일이고, 마닌은 생전에 그의 아들이 이탈리아 군 장성이 되는 것도 보지 못했다. 마닌은 불굴의 의지로 이탈리아 사람들의 마음에 자유를 향한 열망을 불러일으켰다. 이 때문에 이탈리아 국민은 마닌이 추구했던 고귀한 이상을 지금도 추구하고 있다. 분야는 다르겠지만 마닌이 했던 일은 다른 사람들도 해낼 수 있다.

"인간이 한번 해낸 일은
누구라도 다시 해낼 수 있다."

내 안에 잠들어 있는 잠재력

40년 전의 일이다. 매사추세츠주 서부의 한 작은 마을에 있는 은행에서 핼쑥한 청년 한 명이 출납 일을 하고 있었다. 그는 소화불량에다가 예민하고 성질을 부릴 때가 많았다. 어느 날 큰 기업들이 줄지어 문을 닫았고, 은행에서 돈을 빌려 간 기업들도 파산했다고 은행에 통보해 왔다.

이때 은행장은 유럽에 나가 있었다. 사람들은 은행이 지급불능 상태에 처했음을 알지 못했다. 당장 은행이 보유한 현금만으로는 예금 인출 사태를 감당할 수 없었기에 이 은행원은 거의 제정신이 아니었다.

사람들이 다른 데서 소식을 듣고 은행으로 달려올까 봐 걱정하느라 한숨도 자지 못하고 은행에 출근했다. 은행원은 졸린 데다 기운도 없고 아무 의욕도 나지 않았다.

나이 든 농부 한 명이 소액의 수표를 현금으로 바꾸려고 은행에 들어왔지만, 우울한 은행원은 고객이 여느 때처럼 건네는 인사에 아무 대꾸도 하지 않았다. 얼굴에는 수심이 가득하고, 눈은 벌겋게 충혈되고, 매사 짜증이 배어 있었다. 은행원은 돈을 세어 농부 쪽으로 툭 밀었다.

농부는 돈을 꼼꼼히 세고 나서 은행원을 향해 큰 소리로 말했다. "무슨 일이 있소? 은행이 망하기라도 하오?"

농부가 볼일을 마치고 나서자 은행원은 감추고 싶은 은행 사정을 다름 아닌 자신의 행동거지가 폭로하고 있음을 깨달았다. 은행원은 이 사태를 어찌하면 좋을지 서성이며 불안과 싸웠다. 그러고는 마음을 단단히 먹고 용기를 내어 밝은 모습을 보여주기로 했다. 은행원은 일부러 활짝 미소를 짓기 시작했다. 억지 미소를 짓고 있는 자기 모습에 곧 익숙해졌다. 다음 고객이 들어왔을 때 은행원은 진심으로 활기차게 인사했다.

은행원은 오전 내내 결의를 다졌고, 아무 걱정 없는 사람처럼 행동했다. 정오가 되자 보스턴 일간지에 은행이 파산할 가능성에 관한 기사가 실렸다. 그 소식은 즉시 마을 전체에 퍼졌고, 사람들이 예금을 찾기 위해 은행에 몰려들어 돈을 내놓으라고 소리를 질렀다. 하지만 은행원은 활기찬 미소로 고객들을 맞았다. 흥분한 사람들을 향해 농담을 던지기도 했다.

18번째로 예금을 찾으려 한 사람은 나이 든 독일인이었다. 차분하다 못해 흥겹게 돈을 세어 건네는 은행원을 보고 노인은 돈을 도로 입금하며 말했다. "은행에 돈이 있다면 지금 찾을 이유가 없지! 우린 은행에 돈이 없는 줄 알았잖아!" 그 말에 사람들이 웃음을 터뜨렸다.

30분쯤 지나자 몰려든 사람들이 은행을 떠났고, 예금을 찾은 고객 가운데 많은 이들이 다시 돈을 맡겼다. 그 대범하고 명랑한 은행원은 이후 성공하여 제조회사와 철도회사의 이사가 되었다. 그는 그날 아침에 '무기력하고 초라한 자신'과 싸웠던 이야기를 자주 언급한다.

"제일 먼저 해야 할 일은
자신의 잠재력을 제대로 평가하는 일이다."

뉴욕 쿠퍼스타운 출신의 한 남자가 미네소타의 세인트 앤서니 폭포를 방문했다. 폭포 옆에 붙어 있는 조그마한 제분소에서는 폭포 규모에 어울리지 않게 고작 밀이나 몇 가마니를 빻고, 얼마 되지 않는 통나무를 절단하고 있었다.

남자는 그 모습을 보고 폭소를 터뜨리더니 한참 동안 웃음을 그칠 줄 몰랐다. 남자에게는 자기가 본 풍경이 너무나 우스웠다. 엄청난 힘을 지닌 코끼리 한 마리가 고작 작은 장난감이나 끌어당기며 놀고 있는 꼴이었다.

이 비웃음을 계기로 열띤 논쟁이 벌어졌고 곧 조사단이 꾸려졌다. 포트 스넬링 요새에서 토목기사 출신 장교 한 명이 지시를 받아 그 폭포에서 몇 마력의 동력이 생산되는지 측정했다. 그가 제출한 보고서 결과는 주민들의 예상을 한참 넘어섰다. 보고서에 따르면 폭포를 이용해 수차를 돌렸을 때 하루에 160만 리터가 넘는 밀을 빻을 수 있고, 통나무를 절단할 때 시간당 2만 8천 평 넓이의 합판을 생산할 수 있다.

사실은 이 추정치조차도 실제보다는 낮은 수치였지만,

10년이 지나도록 폭포를 이용할 사업안은 채택되지 않았다. 그러다가 댐이 건설되었고, 이를 기반으로 우리 시대에 가장 멋지고 활발한 문명을 대표하는 위대한 도시 미니애폴리스가 탄생했다. 하지만 그 폭포에서 끌어낼 수 있는 1만 마력의 동력은 여전히 활용하지 못하고 그냥 흘려보내고 있었다.

매사추세츠주 사우스 하들리 폭포에 세워진 최초의 제지소에서 사용한 동력은 100마력을 넘지 않았다. 스프링필드의 채핀Mr. Chapin은 엔지니어를 고용해 그 지점에서 코네티컷강물을 이용해 생산할 수 있는 최대 가용 동력을 측정했는데 그가 보고한 수치가 너무 커서 사람들이 믿지 못했다. 이러한 불신 때문에 모든 사업이 오랜 기간 보류되었다.

그런데 한 가난한 청년이 이러한 상황을 타개할 조치를 단행하기로 결심하고 운하 시스템의 필요성을 홍보했다. 지금은 이 운하 덕분에 수력을 활용해 대도시가 연간 수억 달러에 달하는 생산품을 제조하고 그로 인한 편의와 부를 누리고 있다.

현재 홀리요크에서도 엄청난 수력을 활용하는 중인데

거대한 댐에서 생산되는 수력은 여전히 남아도는 수준이다. 사람들은 처음에 이 수력을 활용하려고 노력했던 이들을 믿지 못했던 어리석음을 후회하곤 한다.

한 청년이 발휘한 지력의 생산 결과가 이 정도다. 그러므로 지적 능력과 의지력을 제대로 활용하지 못한 이들이 그만큼 많다고 결론 내리는 것이 합리적이다.

고귀한 인물이 되려면 가장 먼저 해야 할 일이 있다. 그것은 개인의 숨은 잠재력 혹은 활용하지 못한 역량을 제대로 평가하는 일이다. 어리석은 자화자찬에 빠지라는 뜻이 아니라 자기 안에 많은 일을 해낼 수 있는 에너지가 있음에도 혹여 낭비하고 있는 것은 아닌지 파악하라는 것이다. 그런 후에 그 에너지를 어떤 목표를 달성하는 데 쏟을지 신중히 고려해야 한다.

우리는 가치 없는 일에 소중한 의지력을 낭비할 때가 많다. 사람들이 사지도 않을 장난감을 만드는 데 능력을 쓸 것이 아니라 세상을 풍요롭게 할 기계를 만드는 데 써야 한다.

인간의 정신을 가리켜 발전기에 비유할 때가 많은데, 이는 아주 적절한 비유다. 이 발전기는 가치 있는 일이나 고귀한 이상을 위해 쓰일 때 자동으로 충전되는 방식이고, 그 결과 인류에 행복과 발전을 제공하게 된다. 따라서 이 힘을 부지런히 이용한 사람들은 자연스럽게 부와 명예를 얻는다.

40년 전에 매사추세츠에서는 거의 모든 교사와 아버지들 입에서 한 소년에 관한 이야기가 자주 오르내렸다. 그 소년의 삶은 우리 모두 안에 잠재된 '의지력'의 중요성을 여실하게 드러낸다. 다만 이 지면에서는 그 소년의 생애를 자세히 설명하지는 않고 필요한 부분만 소개할까 한다.

보스턴에서 멀지 않은 한 작은 마을에 사는 청소년이 식품점 앞에 놓인 드럼통 위에 한가롭게 걸터앉아 있었다. 그 소년의 아버지는 갈퀴, 괭이, 삽 등과 같은 농기구를 제작하고 수리하는 가게를 운영하며 성실히 일하는 정비공이었다.

이 소년은 어머니가 응석받이로 키운 탓에 빈둥거리며 놀기만 했다. 질이 나쁜 친구들과 어울리며 카드와 술을 즐겼다. 학교에도 가지 않으려 해서 부모에게 늘 걱정을 끼쳤고, 동네 사람들의 입방아에 오르내렸다.

몸도 허약해서 기침을 달고 살았는데 기침할 때면 폐병에라도 걸린 사람처럼 꾀병을 부렸다. 의사는 밭일이라도 시키라고 모친에게 조언했지만, 아들을 걱정하는 어머니는 일을 시키지 않았다.

식품점이나 선술집 주변에 모여 빈둥거리는 불량한 아이들에게 이 소년은 선망의 대상이었다. 또래들과는 달리 아무 일을 하지 않아도 좋은 옷을 입혀주고 재워주는 부모가 있다는 이점(사실은 그에게 해로운)을 누렸다.

그때 소년은 방종한 자신과 맞서 싸울 의지를 다져야 했다. 훗날 그는 과거를 떠올리며 로마의 시인 베르길리우스의 시구를 인용해 '지옥에 떨어지기는 매우 쉽다.'라고 말하곤 했다.

어느 날 저녁 소년은 주머니에 손을 찔러 넣은 채 잡화점과 우체국 근처로 걸어갔다. 친구들과 만나 체스 놀이를 하려던 참이었다. 잡화점 근처에서는 한 약장수가 가로등 아래서 마차의 한쪽 덮개를 열어두고 이른바 '만병통치약'을 선전하는 데 열을 올리고 있었다. 소년은 들리는 노래와 이야기를 무심코 흘려들었다. 그 약장수가 사람들에게 어떤 물건을 판매하는지 관심도 없었다.

약장수는 단단해 보이는 몇 개의 고리로 이루어진 쇠사슬을 들고 그것을 솜씨 좋게 분리했다. 그러더니 그 고리를 아까와 똑같이 하나로 엮는 사람에게 10달러를 주겠다고 제안했다.

그냥 지나치려던 소년은 그 제안을 듣자 갑자기 구미가 당겨 약장수에게 시선을 돌렸다. 약장수는 고리를 하나씩 소년에게 넘겼다. 소년은 한참 고리를 살피고 나서는 '못하겠어요.'라고 말하고 고리 묶음을 되돌려주었다.

북부 출신의 약장수는 소년에게 크게 소리쳤다. "못한다는 말을 그리 쉽게 뱉으면 앞으로 넌 빈민구호소 신세를 질 거야!" 소년은 그 꾸짖음에 마음이 데인 것처럼 아팠다. 소년은 매섭게 반박하고 싶었지만, 용기가 없었다.

다른 소년들이 기회를 얻어 고리를 살피는 동안 소년은 한 번 더 기회를 달라고 부탁했다. 하지만 아무리 봐도 그 단단한 고리를 절단하거나 분리할 방법은 보이지 않았다.

소년은 얄팍한 수를 경멸하듯 약장수에게 고리들을 던지며 소리쳤다. "사기 치지 마세요. 이게 될 리가 없잖아요!" 약장수는 씩 웃으며 그 즉시 고리들을 결합해 사슬을 만들었고, 그것을 소년에게 던져주며 비꼬듯 말했다.

"엄마한테 가져가 보렴. 엄마는 금방 푸실 거야!" 소년은 얼굴이 화끈거리고 화가 났다. 처참한 기분이 되어 사슬을 받아들고 군말 없이 군중을 빠져나왔다.

그는 집으로 돌아가 뒤쪽 계단을 이용해 조용히 2층으로 올라가 자기 방으로 들어갔다. 소년은 약장수가 죽이고 싶도록 미웠다. 무엇보다 바보 같은 자신이 못 견디게 싫어서 밤새 눈물을 쏟았다.

이튿날 소년은 아버지가 출근한 이후 침대에 앉아 한참 동안 쇠사슬을 바라보았다. 치열한 싸움이 시작되었다!

성공한 사람은 누구나 살면서 한 번은 이런 싸움을 치르기 마련이고, 이 싸움에서 반드시 이겨야만 한다. 이 싸움에서 지는 것은 인생에 실패하는 것이다. 자기 자신을 이겨야 다른 사람을 이길 수 있다.

"자신을 통제하지 못하는 사람은
다른 사람도 통제하지 못한다."

소년은 태어나서 처음으로 자신의 의지가 부족하다는 사실을 깨달았다. 견딜 수 없을 만큼 부끄러웠다. 그 수수께끼를 풀지 않는 한 전날 만나려고 했던 또래 친구들, 특히 우체국에 있었던 여자아이에게 다시 얼굴을 들 수 없을 것 같았다.

그 수수께끼는 고대인들이 풀어야 했던 수수께끼보다 더 어렵게 느껴졌다. 허송세월하며 살아온 자신과의 싸움에서 승리하고 '나는 할 수 있다.'라고 세상에 외칠 수 있다면 그것만큼 영광스러운 승리도 없을 것이다. 소년은 끊임없이 속으로 다짐했다. '이 수수께끼를 기필코 풀겠어.'

소년은 배가 너무 고팠지만 멈추고 싶지 않았다. 식사를 위해 이 싸움을 중지할 수는 없다고 각오를 다졌다. 오로지 혼자 힘으로 문제를 풀고 싶어서 어머니에게 도움을 청하지도 않았다.

그날 저녁 마침내 소년의 손에서 고리가 풀리며 방바닥 위를 굴렀다. 소년이 해낸 것이다! 살면서 뭔가를 해내고 그토록 가슴이 벅찬 적은 없었다.

쇠사슬 자체는 그저 값싼 쇳조각에 불과했어도 자신과의 싸움에서 거둔 승리는 (나중에 보면 알겠지만) 소년 개인에게는 수천만 달러의 가치가 있고, 그의 조국에는 수억 달러의 가치가 있는 값진 승리였다.

이튿날 아침 소년의 부모는 식탁에 제일 먼저 자리한 아들을 보고 놀랐다. 소년은 수수께끼를 혼자서 풀어낸 이야기를 했다. 여태 빈둥거리고 놀 만큼 놀았으니 이제 마음을 다잡고 열심히 일할 생각이라며 자신의 결심도 말했다. 부모는 충격을 받았지만, 한편으로는 기뻤다.

소년은 가게에서 가장 힘든 일거리를 달라고 부탁했고, 그날부터 어엿한 사회인으로 경력을 쌓기 시작했다. 그는 하는 일마다 승승장구했다. 자신과의 싸움에서 승리한 경험이 있는 사람을 제외하고는 그의 경쟁상대가 될 만한 사람이 별로 없었다. 몸도 건강해졌고, 제법 많은 돈을 벌었으며 이를 기반으로 몇몇 사업을 새로 시작했다.

몇 년이 지나자 그는 고향에서 제일 잘 나가는 사업가가 되었다. 다른 지방의 경쟁자들도 따돌릴 정도로 사업이 커졌다. 그는 아내에게 이렇게 다짐했다. "나는 천만 달러를 벌 거야. 단돈 1달러라도 깨끗하고 정직하게 벌겠어."

그 시절에 천만 달러라고 하면 금광을 소유한 정도로 여겨지는 엄청난 금액이었다. 그는 천만 달러를 벌었고, 자기 밑에서 일하는 직원들의 임금도 꾸준히 올려주었다.

그는 지역 거물로 성장했으며 지역의 모든 사업체는 그

가 직접 창업했거나 자문을 제공한 회사들이었다. 훗날 그는 거의 만장일치에 가까운 투표수를 얻어 의회에 입성했다. 그리고 11년 동안 워싱턴 행정부의 자문역을 성공적으로 수행했으며, 링컨 대통령이 신뢰하는 후원자이자 절친한 친구가 되기도 했다.

1864년의 어느 날 북부 연방군이 남부 연합군에 패했을 때 북부 사람들의 얼굴에는 근심이 가득했다. 링컨 대통령도 밤새 잠을 이루지 못했다. 이대로 전쟁에 패하면 나라가 분리될 상황이었다.

시에라 네바다산맥과 로키산맥의 험준한 산악지대를 지나는 철도를 놓아 캘리포니아를 북부군의 수중에 넣으려는 계획을 세웠지만, 이 계획이 좌초되면서 위기감이 더욱 고조되었다. 철도 노선을 검토한 수석 엔지니어는 막대한 비용 때문에 그 사업을 추진할 수 없다고 말했다. 내로라하는 자본가 세 명에게 투자를 제의했지만, 그들은 가망 없는 사업이라며 거절했다.

매사추세츠주의 훌륭한 상원의원이 링컨에게 이 막중한 사업을 해낼 수 있는 사람은 한 명뿐이라고 말했다. 그 상원의원은 링컨에게 이렇게 말했다.

"그 하원의원이 일단 마음을 정하고 그 일을 맡는다면 기어이 해내고 말 겁니다. 섣불리 나서진 않겠지만 누구도 꺾을 수 없는 의지를 지녔습니다." 링컨 대통령은 사람을 보내 그의 의사를 전했다. "지금 캘리포니아까지 철도를 놓는 일은 군대보다도 더 중요합니다. 이 철도가 북부군을 구원하는 군대가 될 겁니다. 철도를 놓을 수 있겠습니까?"

그 하원의원은 3주간 생각할 시간을 달라고 했다. 약속한 기한이 끝나갈 즈음 그는 국방부 장관에게 엽서를 건네며, 당시 필라델피아에 머물고 있던 링컨 대통령에게 전해달라고 했다. 그 엽서에는 이렇게 적혀 있었다. "제가 하겠습니다."

미국 대륙횡단 철도를 완성하기까지는 참으로 놀라운 사연이 숨어있다. 대륙횡단 철도는 와이오밍주에서도 가장 험준한 산지인 셔먼 힐을 지난다. 해발고도 약 2천6백미터를 통과하는 기차의 승객들은 대공사를 가능하게 만든 하원의원을 기리고자 세운 기념비를 향해 절로 경의를 표하게 된다. 자기희생과 강인한 정신으로 일을 완수한 하원의원은 기어코 혼자 힘으로 쇠사슬 수수께끼를 풀어낸 바로 그 소년이었다.

지금까지 사례만으로도 의지력의 중요성을 충분히 알 수 있겠지만, 한 사람을 더 언급하고자 한다. 남북전쟁 이후 워싱턴 언론계에 몸담았던 사람이라면 《뉴욕 인디펜던트New York Independent》 지의 워싱턴 통신원으로서 유려한 문체의 글을 기고했던 천재적인 여성 작가의 영향력과 명성을 잊지 못할 것이다.

그녀는 33세에 이혼하면서 살림이 궁핍해졌다. 몸도 병들고, 이혼녀를 향한 편견에 직면해야만 했다. 그녀의 지인들은 그녀가 힘들게 품팔이나 하며 고달프고 쓸쓸하게 살다가 세상에서 잊힐 것이라고들 했다. 비참한 처지를 받아들이는 것 외에 그녀가 할 수 있는 일은 없어 보였다.

그녀는 교육도 거의 받지 못했고, 시름에 쌓여서 당시에 인기를 누리던 책들을 읽을 시간도 없었다. 그래서인지 그녀가 작가로 등단해 매우 우아하고 설득력 있는 글쓰기로 인정을 받게 되자 그녀는 누구보다 뜨거운 화제가 되었다.

그녀가 주로 참석하는 워싱턴 문인 환영회 참석자들은 한쪽 구석에 모여 언제나 그녀의 소식을 가장 먼저 나누곤 했다.

그녀를 아끼는 지인들은 그녀가 먹고 살려면 바느질이나 자수를 하거나 보모 일을 맡아야 한다고 했지만, 빨래나 부엌일을 하며 돈을 벌기에는 그녀의 몸이 너무 허약했다. 그녀 마음 깊은 곳에서는 훨씬 더 가치 있는 일을 해내고 싶은 갈망이 꿈틀거렸다.

여성들 가운데 죽음을 목전에 두고 인생의 목적을 달성하지 못한 것을 아쉬워하지 않는 이들이 얼마나 될까.

남자들은 아무 제약 없이 야망을 드러내도 여성은 남성과의 경쟁에 밀려서 혹은 관습 때문에 자기 야망을 억누르거나 감추며 살아간다. 아직 우리 사회에서 여성은 자신의 능력을 최대한 발휘하며 마음에 품은 이상을 성취하는 경우가 드물어 보인다.

하늘은 여성에게도 똑같이 욕망과 꿈, 권력욕을 부여하셨다. 하지만 성당을 건축하고 다리를 건설하고 광산을 개발하고 나라를 건국하는 현장에 여성이 주인공을 맡은 사례는 없었다. 그림이나 조각, 금융, 정치에서 두각을 드러내는 여성도 드물다. 여성도 자신의 타고난 재능을 모르지 않을 테고 높은 이상을 바라보지만, 너무 오래도록 자기를 억누르며 살아가는 것이 틀림없다.

그러나 뉴욕 출신의 이 여성은 예외였다. 그녀는 샬럿 브론테처럼 결심했다. '나는 글을 쓸 거야.' 위대한 작가들도 처음에는 그랬듯이 그녀가 보낸 원고들은 퇴짜를 맞아 반송되었다. 더욱이 당시에는 신문에 기고하는 여성 작가도 없던 시절이었다.

비평가들이나 낙담한 친구들에게 그녀가 건넨 대답은 언제나 '나는 해낼 거야.'였다. 1883년 그녀는 장차 두 번째 남편이 되는 어느 뛰어난 편집장에게도 "저는 꼭 해낼 거예요."라고 다짐했다. 그녀의 글에 반한 미국의 대통령은 친서를 보내 "이토록 뛰어난 재능이 결혼 때문에 묻히는 것은 인류에 크나큰 손실"이라고 말했다.

챔플레인 호수에서 뉴욕까지 자동차로 이동하는 중에 나는 벌링턴시와 버몬트대학교를 둘러보았다. 이곳 버몬트주에서 성공을 거둔 반즈Barnes 역시 일찍이 '나는 해낼 거야.'라며 의지를 다졌다.

세인트존스베리에 가면 도시 곳곳에 페어뱅크스Fairbanks를 연상시키는 광고들을 볼 수 있는데, 그 역시 어렸을 때 '나는 해낼 거야.'라고 의지를 다졌다.

브레틀보로시에 가면 에스티Esty라는 상호를 쓰는 곳들이 많다. 에스티 역시 가난한 소년 시절부터 '나는 해낼 거야.'라며 의지를 다졌다.

홀리요크의 편리한 운하를 볼 때마다 체이스Chase와 휘트니Whitney의 얼굴이 떠오른다. 그들은 가난한 처지에도 '나는 해낼 거야.'라며 의지를 다졌다.

스프링필드시의 상점과 은행, 공장의 간판들을 보면 여전히 젊은 채핀Mr. Chapin을 떠올리게 하는 문구들이 보이는데, 도시를 번영케 한 원동력은 '나는 해낼 거야.'라는 채핀의 의지력이었다. 뉴헤이븐시의 훌륭한 거리와 대학 건물들을 보면 휘트니Whitney의 굳센 의지가 떠오른다.

지구상의 수많은 도시는 이렇듯 평범한 사람들이 불굴의 의지를 발휘해 그들의 생각을 실현한 결과물이다.

지난 세대의 모든 사람이 자신의 능력을 발휘하기로 굳게 결심했더라면 건축, 상업, 예술, 제조, 교육, 종교 분야에서 얼마나 멋진 결과물이 우리 눈앞에 펼쳐졌을지 상상만 해도 짜릿하다. 하지만 대다수는 그 같은 결의를 다지지 않는다. 소수만이 강인한 의지를 발휘하며 인류에 혜택을 제공한다.

독자들이여, 부디 고귀한 의지를 품은 소수에 포함되기를 바란다.

"인문학이 들려주는 삶의 지혜와 즐거움"
RAINBOW PUBLIC BOOKS

다이아몬드의 비밀, 부와 성공을 여는 열쇠

발행일 초판 1쇄 2023년 5월 12일

발행인 박성범
지은이 러셀 H. 콘웰
옮긴이 이주만
편　집 강수진, 김호준
디자인 서은주
마케팅 이선영
발행처 레인보우 퍼블릭 북스
등　록 제2021-000021호

주　소 [우06212] 서울시 강남구 테헤란로 328, 4층
(역삼동, 동우빌딩)
전　화 02-415-9798
팩　스 0504-082-1519
이메일 submit@rpbooks.co.kr

ISBN 979-11-90978-22-4 (03190)